논·술·한·국·대·표·문·학

38

상록수 1

심훈

훈민출판사

심훈이 직접 각색·감독한 영화 〈먼동이 틀 때〉의 시사회를 마치고. 안경 쓴 사람이 심훈이다.

The Best Korean Literature

심훈. 민족 의식을 바탕으로 대중 계몽적인 작품을 많이 쓴 작가이자 영화인이다. 여러 방면에 걸쳐 뛰어난 능력을 보였으나, 일찍 죽어 재능을 맘껏 펼치지 못하였다.

장편 〈영원의 미소〉를 탈고한 뒤 벗들과 함께. 맨 오른쪽이 심훈이다.

상록수 탑. 〈상록수〉는 농촌계몽운동을 다룬 소설로서, 일제 강점기에 농촌 사업과 민족주의를 고무한 농촌 소설로 평가받고 있다.

심훈 문학비. 1936년 심훈이 조선일보 기자로 있을 때, 손기정이 베를린 올림픽 마라톤에서 우승하였다. 이 때 심훈이 즉흥시 〈오오, 조선의 남아여!〉를 써서 유명해졌다.

〈그 날이 오면〉 시비.
심훈은 시인으로서도 뛰어난 재질을 보였다. 일제 치하에서 조국 광복의 날을 절실하게 기다리는 심정을 강렬한 언어로 표현한 그의 시 〈그 날이 오면〉은 지금도 많은 사람들에 의해 읽혀지고 있다.

〈상록수〉는 1935년 9월 10일부터 1936년 2월 15일까지 ≪동아일보≫에 연재되었다.

장편 〈영원의 미소〉를 탈고한 뒤 벗들과 함께. 맨 오른쪽이 심훈이다.

〈상록수〉의 모델이 된 실제 인물들. 앞줄 왼쪽에서 두 번째가 소설 주인공 박동혁의 모델인 심재영. 심재영은 심훈의 조카이다.

The Best Korean Literature

〈상록수〉의 모델이 된 주인공들. 오른쪽이 채영신의 모델인 최용신, 왼쪽이 박동혁의 모델인 심재영의 나이 든 모습이다.

구인환(丘仁煥)

서울대학교 사범대학 졸업. 동 대학원 졸업(문학박사)
서울대학교 명예교수, 소설가(현). 서울대학교 사범대학 국어교육연구소 소장(현)
문학과문학교육연구소 소장(현). 국제펜 한국본부 부회장(현)
한국소설문학상(1987) 예술문화대상(1994) 한국문학상(2000)
작품 〈숨쉬는 영정〉, 〈살아 있는 날들〉, 〈일어서는 산〉 외 다수

• 저서 ≪한국단편소설의 이해≫, ≪한국현대소설의 비평적 성찰≫,
   ≪고교생이 알아야 할 소설≫, ≪고교생이 알아야 할 세계단편소설≫ 외 다수

윤병로(尹柄魯)

성균관대학교 국어국문학과 졸업. 동 대학원 졸업(문학박사)
성균관대학교 교수, 문학평론가(현). 한국현대소설학회장(현)
한국문예학술저작권협회 이사(현). 한국간행물윤리위원회 위원(현)
한국펜 문학상(1987). 한국문학상(1988). 대한민국문학상(1989)
수필집 ≪나의 작은 애인들≫

• 저서 ≪현대 작가론≫, ≪한국 현대 소설의 탐구≫,
   ≪한국 근대 작가 작품 연구≫, ≪한국 현대작가의 문제작 평설≫ 외 다수

홍성암(洪性岩)

고려대학교 국어국문학과 졸업. 한양대학교 대학원 국어국문학과 졸업(문학박사)
동덕여자대학교 교수, 소설가(현). 한국문인협회 회원(현)
한국소설가협회 이사(현). 국제펜 한국본부 소설분과 이사(현). 한민족 문화학회 회장(현)
창작집 ≪큰 물로 가는 큰 고기≫, ≪어떤 귀향≫ 외
대하역사소설 ≪남한산성≫(전9권) 외 다수

• 저서 ≪문학의 이해≫, ≪현대 작가론≫, ≪한국 근대 역사소설 연구≫ 외 다수

기획·감수

1953년에 간행된 〈상록수〉의 표지

논술 한국대표문학을 펴내며

　21세기의 사회는 **'전자 문명 시대'**라 일컬어질 만큼 오늘날 전자 산업은 우리 생활의 거의 모든 분야에 다양하게 응용되고 있습니다. 출판 분야 또한 예외는 아니어서, 종래의 서책(Book) 대신에 이른바 '전자책(CD-ROM)'의 출간이 최근 들어 날로 증가하고 있습니다.

　그러나 이러한 전자책은 영상 또는 모니터상으로 흥미 위주나 백과사전식 지식을 습득하는 데는 효과적일지 모르지만, 문학 공부를 위해서는 별로 도움이 되지 않습니다. 바꾸어 말하면, 문학 공부는 각 지면마다 살아 숨쉬는 표현 하나하나를 독자 자신의 머리로 음미하면서 작품을 읽어 나가는 가운데, 풍부한 상상력의 배양과 함께 작가의 의도와 그 작품의 내면을 깊이 있게 이해함으로써 이루어지는 것입니다.

　이에 훈민출판사에서는, 자라나는 학생들이 범람하는 영상 매체에 길들여지기 전에, 어려서부터 유명한 세계문학 작품들을 책자를 통하여 감명 깊게 읽고 감상함으로써, 올바른 문학 공부의 기틀을 다지고, 아울러 전인 교육도 할 수 있도록 《논술 한국대표문학(전60권)》을 펴내게 되었습니다.

　작품 선정은, 초·중·고등학교 국어 교과서와 역사 교과서에 실리거나 소개된 문학 작품을 중심으로 하되, 그리스 신화와 성경 이야기 등의 고전에서부터 중세·근대·현대에 이르기까지 세르반테스·셰익스피어·톨스토이 등 세계 유명 작가들의 장·단편 소설들을 엄선·수록하였습니다. 또 세계의 명시도 별권으로 엮었으며, 특히 각 단락마다 **'논술 문제'**를 제시하여, 장차 대학입시를 비롯한 각종 '논술 고사'에 예비 지식을 쌓을 수 있도록 배려하였습니다. 아무쪼록, 이 《논술 한국대표문학(전60권)》이 자라나는 학생들에게 문학 공부의 주춧돌이 되고, 나아가 미래를 살아가는 데 **정신적 자양분**이 되기를 진심으로 바라 마지않습니다.

훈민출판사

차례

상록수①

심 훈

지은이

1901~1936년. 본명은 대섭. 서울에서 출생. 민족의식을 바탕으로 대중 계
몽적인 작품을 많이 쓴 작가이다. 1926년에 《동아일보》에 한국 최초의 영화
소설인 〈탈춤〉을 연재하였고, 이를 계기로 영화계에 진출, 1927년에 〈먼동이
틀 때〉를 원작, 각색, 감독했다. 《영원의 미소》, 《직녀성》 등의 장편 소설과
시 〈그날이 오면〉, 평론 《우리 민중은 어떠한 영화를 요구하는가》 등을 발표했다.

쌍두취 행진곡

가을 학기가 되자, ××일보사에서 주최하는 학생계몽운동에 참가하였던 대원들이 돌아왔다. 오늘 저녁은 각처에서 모여든 대원들을 위로하는 다과회가 그 신문사 누상에서 열린 것이다.

오육백 명이나 수용할 수 있는 대강당에는 전 조선의 방방곡곡으로 흩어져서 한여름 동안 땀을 흘려 가며 활동한 남녀 대원들로 빈틈없이 들어찼다.

폭양에 그은 그들의 시커먼 얼굴! 큰 박덩이만큼씩한 전등이 드문드문하게 달린 천장에서 내리비치는 불빛이 휘황할수록 흰벽을 등지고 앉은 그네들의 얼굴은 더한층 검어 보인다.

만호장안의 별처럼 깔린 등불이 한눈에 내려다보이도록 사방의 유리창을 활짝 열어젖혔건만, 건장한 청년들의 코와 몸에서 풍기는 훈김이 우거진 콩밭 속에 들어간 것만큼이나 후끈후끈 끼친다.

정각이 되자, P학당의 취주악대는 코넷, 트롬본 같은 번쩍거리는 악기를 들고 연단 앞줄에 가 벌여 선다. 지휘자가 손을 내젓는 대로 힘차게 연주하는 것은 유명한 독일 사람의 작곡인 쌍두취 행진곡이다. 그 활발하고 장쾌한 멜로디는 여러 사람의 심장까지 울리면서 장내의 공기를 진동시킨다.

악대의 연주가 끝난 다음에 사회자인 이 신문사의 편집국장이 안경을 번득이며 점잖은 걸음걸이로 단 위에 나타났다.

　"에——아직 개학을 아니헌 학교도 있어서, 미처 올라오지 못한 대원이 많은 줄 알았습니다. 그런데 뜻밖에 이처럼 성황을 이루어서 장소가 매우 협착한 까닭에 여러분끼리 서로 간친하는 기회를 드리려는 다과회가 무슨 강연회처럼 되었습니다."

하고 일장의 인사를 베푼 뒤에 으흠으흠 하고 헛기침을 해서 목소리를 가다듬더니,

　"금년에는 여러 가지로 지장이 많았는데도 불구하고 작년보다도 거의 갑절이나 되는 놀라울 만한 성적을 보게 됐습니다. 이것은 오직 동족을 사랑하는 여러분의 열성과 문맹을 한 사람이라도 더 물리치려는 헌신적 노력의 결과인 것이 물론입니다. 그러므로 주최자측으로서 여러분의 수고를 감사할 뿐 아니라 우리 계몽운동의 장래를 위해서 경축하여 마지않는 바입니다."

　처음에는 늦게 들어오는 사람들 때문에 수성수성하던 장내가 이제는 기침 소리 하나 없이 조용해졌다. 사회자는 말을 이어,

　"긴 말씀은 허지 않겠으나, 차나 마셔 가면서 간담적으로 피차의 의견도 교환하고 그 동안에 분투한 체험담도 들려 주셔서 앞으로 이 운동을 계속하는 데 크게 참고가 되게 해 주시기를 바라는 바입니다."

라고 부탁을 한 후 단에서 내려갔다.

　대원들 중에서 제일 나이가 들어 보이는 어느 전문학교의 교복을 입은 학생이 나가 간단한 답사를 하고 돌아왔다.

　문간에서 회장을 정돈시키던 이 신문사의 배지를 붙인 사원이 눈짓을 하니까, L여학교 가사과의 학생들은 굉장한 연회나 차리는 듯이 일제히 에이프런을 두르고 돌아다니며 자기네 손으로 만든 과자와 차를 주욱 돌린다.

대원들은 찻잔을 받아 들고 앉아서 무릎 위에 올려놓은 과자 접시를 들여다보면서,

'애개, 요걸루 어디 간에 기별이나 가겠나.'

하는 듯한 표정을 지으며 입맛을 다신다.

장내는 사기그릇이 부딪쳐 대그락거리는 소리와 잡담을 하는 소리로 웅성웅성하는데 맨 앞줄 한구석에서 하와이안 기타를 뜯는 소리가 모기 소리처럼 애응애응 하고 들리기 시작한다.

남양의 달밤을 상상케 하는 애련하고도 청아한 선율에 회장은 다시 조용해졌다. C전문의 명물인 익살꾼으로 기타의 명수인 S군이 자청을 해서 한 곡조를 타는 것이다.

S군은 한참 타다가, 저 혼자 신이 나서 악기를 들고 일어나 엉덩춤을 춘다. 메기같이 넓적한 입을 실룩거리며 토인의 노래를 흉내내는데 그 목소리는 체수에 어울리지 않게 염생이가 우는 소리와 흡사하게 떨려 나와서 여러 사람의 웃음보가 터졌다. 어떤 중학생은 웃음을 억지로 참다가 입에 물고 있던 과자를 앞줄에 앉는 사람의 뒤통수에다가 확 내뿜었다. 한구석에 몰려 앉은 여학생들은 손수건을 입에다 대고 허리를 잡는다.

"재청요——."

"앙코르—— 앙코르——."

하는 소리가 여기저기서 일어나며 회장 안은 벌통 속처럼 와글와글한다. S군은 저더러 잘한다는 줄만 알고, 두 번 세 번 껑충거리고 나와서 익살을 깨뜨리는 바람에 점잔을 빼던 사회자도 간신히 웃음을 참고 앉았다. 그는 미소를 띠고 일어서며,

"여러분 고만 조용헙시다."

하고 손을 들었다.

"지금부터 여러분의 체험담을 듣겠습니다. 한 사람도 빼어 놓지 않고 고향에서 활동하던 이야기를 골고루 듣구는 싶지만 시간이 허락하지 않는 관계로 유감천만이나 사회자가 몇 분을 지적할 수밖에 없습니다."

하고 양복 주머니에서 각 지방으로부터 온 통신과 이미 신문에 발표된 대원들의 보고서를 한 뭉텅이나 꺼내 놓고 뒤적거리더니,

"금년에 활동한 계몽대원 중에 뛰어나게 좋은 성적을 보여 주었을 뿐 아니라, 글을 깨우쳐 준 아동의 수효로는 우리 신문사에서 이 운동을 개시한 이래 최고 기록을 지은 분을 소개하겠소이다."

하고는 다시 안경 너머로 서류를 들여다보다가 얼굴을 들고 선생이 출석부를 부르듯이,

"××고등농림의 박동혁 군!"

하고 목소리를 높였다. 장내는 테를 메인 듯이 긴장해졌건만, 제 이름을 못 들었는지 얼핏 대답하는 사람이 없다.

"박동혁 군 왔소?"

사회자는 더한층 목소리를 높이고는 사면을 살핀다. 만장의 학생들은,

'박동혁이가 어떻게 생긴 사람이야?'

하는 듯이 서로 돌아다보며, 이름이 불린 고농 학생을 찾는다.

"여기 있습니다."

맨 뒷줄에서 굵다란 소리가 청처짐하게 들렸다. 여러 사람의 고개는 일제히 목소리가 난 데로 돌려졌다.

"그리루 나가랍니까?

엉거주춤하고 묻는 말이다.

"이리 나오시오."

사회자는 연단에서 비켜서며 손짓을 한다.

기골이 장대한 고농 학생이 뭇사람이 쏘는 시선을 한몸에 받으며 뚜벅뚜벅 걸어나오자 우레 같은 박수 소리가 강당이 떠나갈 듯이 일어났다.

박동혁이라고 불린 학생은 연단에 올라서기를 사양하고, 앞줄에 가두 다리를 떡 버티고 섰다. 빗질도 아니한 듯한 올백으로 넘긴 머리며 숱하게 난 눈썹 밑에 부리부리한 두 눈동자에는 여러 사람을 누르는 위엄이 떠돈다.

그는 박수 소리가 그치기를 기다려 두툼한 입술을 열었다.

"여러분!"

청중의 숨소리를 죽이게 하는 저력 있는 목소리다.

"오늘 저녁에 항상 그리워하던 여러분 동지와 한자리에 모여서 흉금을 터놓고 서로 얘기할 기회를 얻은 것을 무한히 기뻐합니다."

목구멍에서 나오는 음성이 아니요, 땀에 전 교복이 팽팽하게 켕기도록, 떡 벌어진 가슴 한복판을 울리며 나오는 바리톤(남자의 저음)이다. 청중은,

'저 입에서 무슨 말이 떨어지려나?'

하는 듯이 눈도 깜작거리지 않고 동혁의 얼굴을 바라다본다.

동혁은 장내를 다시 한 번 둘러본 뒤에 천천히 입을 연다.

"그러나 삼 년째 이 운동에 참가해서 적으나마 힘을 써 온 이 사람으로서 그 경험이나 감상을 다 말씀하려면 매우 장황허겠습니다. 더구나 오늘 저녁은 간단한 경과만 보고하기를 약속헌 까닭에 정작 이 가슴속에 첩첩이 쌓인 그 무엇을 여러분 앞에 시원스럽게 부르짖지 못하는 것이 크게 유감으로 생각됩니다. 그러니까 이 자리에서 못허는 말은 사사로운 좌석에서 얘기헐 기회를 짓고, 또는 개인적으로도 긴

밀헌 연락을 취해서 서로 간담을 비춰 가며 토론도 하고 의견도 교환하기를 바랍니다."

하고 잠시 말을 멈추더니, 수첩을 꺼내 들고 자기의 고향인 남조선의 서해변에 있는 한곡리라는 궁벽한 마을의 형편을 숫자적으로 대강 보고를 한다.

호수가 94호인데, 농업이 7할, 어업이 2할이요, 토기업이 1할이라는 것과 인구가 4백60여 명에 그야말로 낫 놓고 기역자도 모르는 문맹이 8할 이상이나 점령한 것을 3년 동안을 두고 여름과 겨울 방학에 중년 이하의 여자들과 육칠 세 이상의 아동들을 모아 놓고 한글을 깨우쳐 주고 간단한 셈수를 가르쳐 준 것이 2백47명에 달하는데, 그 곳 보통학교 출신들의 조력이 많았다는 것을 말하자, 박수 소리가 사방에서 일어났다.

동혁은 천천히 수첩을 집어넣으며 집안 식구와 이야기하는 듯한 말씨로,

"우리 고향은 워낙 원시 부락과 같은 농어촌이 돼서, 무지헌 부형들의 이해가 전연 없는데다가 관변의 간섭두 여간 까다로운 게 아니었어요. 그런 걸 별짓을 다해 가면서 억지루 시작을 했었지요. 첫해에는 아이들을 잔뜩 모아는 놨어두 가르칠 장소가 없어서 큰 은행나무 밑에다 널판때기에 먹칠을 한 걸 칠판이라구 기대어 놓구 공석이나 가마니를 깔구는 밤 깊도록 이슬을 맞아 가면서 가르치기를 시작했었는데, 마침 장마 때라 비가 자꾸만 와서 견딜 수가 있어야지요. 그래서 헐 수 없이 움을 팠어요. 나흘 동안이나 장정 10여 명이 들러붙어서 한 대여섯 간 통이나 파구서 밀짚으로 이엉을 엮어서 덮구 그 속에 들어가서 진땀을 흘리며 '가갸거겨'를 가르쳤지요. 그러다가 어느 날 밤은 밤새도록 비가 퍼붓듯이 쏟아졌는데, 그 이튿날 아침에 가 보니까 교실 속에 빗물이 웅덩이처럼 흥건하게 고여서, 송판으로 엉성하

게 만든 책상 걸상이 둥실둥실 떠다니더군요."

그 말에 여기저기서 픽픽 웃는 소리가 들렸다. 동혁이 자신도 남자다운 웃음을 띠고,

"그뿐인가요. 제철을 만난 맹꽁이란 놈들이 뛰어들어서 저희끼리나 글을 읽겠다고 '맹자왈', '공자왈' 해 가며 한바탕 복습을 허는데……."

그 때에 어느 실없는 군이 코를 싸쥐고,

"매앵 꽁 매앵 꽁."

하고 커다랗게 흉내를 내어서 여러 사람은 천장을 우러러 간간대소를 하였다. 여학생들은 킬킬거리고 웃어 대다가 눈물을 다 질금질금 흘린다. 그러자,

"웃을 얘기가 아니오!"

"쉬——조용들 헙시다."

하고 꾸짖듯 하는 소리가 회장 한복판에서 들렸다. 동혁이도 검붉은 얼굴에 떠돌던 웃음을 지워 버리고 한 걸음 다가서며,

"나 역시 이 자리를 웃음바탕을 만들려구 그런 말을 헌 게 아닙니다. 이버덤 더 비참한 현실과 부대껴서 더한층 쓰라린 체험을 허신 분도 많을 줄 알면서도 다만 한 가지 예를 들었을 뿐입니다."

하고는 잠시 눈을 꽉 감고 침묵하더니 손을 번쩍 쳐들며,

"그러나 여러분! 끝으로 꼭 한 마디만 허구 싶은 말이 있습니다."

하고 목청을 높여 힘차게 청중에게 소리친다. 대원들은 물론 사회자까지도 다시금 긴장해서 엄숙해진 동혁의 얼굴만 주목한다.

"눈뜬 소경에게 글자를 가르쳐 주는 것은 두말헐 것 없이 필요헙니다. 계몽운동이 우리에게 있어서 가장 시급헌 사업 중의 하나인 것도 사실입니다. 그러나 이 땅의 지식 분자인 우리들이 이러한 기회에 전

조선의 농촌, 어촌, 산촌으로 방방곡곡에 파구 들어가서 그네들과 똑같은 생활을 하면서 어떡허면 그네들이 그 더헐 수 없이 비참한 생활에서 벗어날 수가 있을까 허는 문제를 머리를 싸매구서 생각해 봐야 헙니다. 지금부터 60, 70년 전 노서아의 청년들이 부르짖던 브나로드(민중 속으로라는 말)를 지금에 와서야 우리가 입내 내듯 하는 것은 더할 수 없이 슬프고 부끄러운 일입니다. 그렇지만 우리는 남에게 뒤떨어진 것을 탄식만 할 것이 아니라, 높직이 앉아서 민중을 관찰하거나 연구의 대상으로 삼으려 하는 태도를 단연히 버리고 그네들이, 즉 우리 조선 사람이 제힘으로써 다시 살아나기 위한 그 기초 공사를 해야겠습니다. 오늘 저녁 이 자리에 모인 바루 여러분의 손으로 시작해야겠습니다. 물질로, 즉 경제적으로는 일조일석에 부활하기가 어렵겠지만, 무엇보다도 먼저 모든 것을 지배하고 온갖 행동의 원동력이 되는 정신, 요샛말로 이데올로기를 통일하기 위해서 전력을 기울여야 하겠습니다!"

하고 말끝마다 힘을 주다가 잠시 무엇을 생각하더니,

"여러분! 여러분은 우리를 못살게 구는 적이, 고쳐 말씀하면 우리의 원수가 어디 있는 줄 아십니까?"

하고 나서, 그 무슨 범인이나 찾는 듯한 눈초리로 청중을 돌아본 뒤에 손가락을 펴 들어 저의 머리통을 가리키며,

"그 원수가 이 속에 들었습니다. '아이구, 이제 죽는구나', '너나 헐 것 없이 모조리 굶어 죽을 수밖에 없구나' 하는 절망과 탄식! 이것 때문에 우리는 두 눈을 멀건히 뜬 채 피를 뽑히구 있는 겝니다. 그런 지레짐작, 즉 선입관념이 골수에 박혀 있는 까닭에 우리가 피만 식지 않은 송장 노릇을 헌다구 해도 과언이 아닙니다. 그야 천치 바보가 아닌 담에야 우리의 현실을 낙관헐 수야 없겠지요. 덮어놓구 '기운을

차려라', '벌떡 일어나 달음박질을 해라' 하고 고함을 지르며 채찍질을 한대도 몇십 년이나 앓던 중병 환자가 벌떡 일어나지야 못허겠지요. 그렇지만……."

하고 주먹을 쥐고 부르르 떨며 혀끝으로 불을 뿜는 듯한 열변에 회장엔 유리창이 깨어질 듯한 박수 소리가 일어났다. 동시에 여기저기서,

"옳소——"

"그렇소——"

하는 고함과 함께,

"그건 탈선이오."

하고 반박하는 소리가 들렸다. 그 소리를 듣자, 동혁은 금세 눈초리가 실쭉해지더니,

"어째서 탈선이란 말요?"

하고 눈을 커다랗게 부릅뜨며 목소리가 난 쪽을 노려보는 판에, 사회자는 동혁의 곁으로 가서 무어라고 귓속말을 한다.

"중지시킬 권리가 없소!" "말해라, 말해!"

이번에는 발을 구르며 사회자를 공박하는 소리로 장내가 물끓듯 한다. 동혁은 그 자리에 꿈쩍도 아니하고 버티고 서서 매우 흥분된 어조로,

"지금은 시간의 자유까지도 없지만 내 의견과 틀리는 분은 이 회가 파한 뒤에 얼마든지 토론을 헙시다."

하고 누구든지 덤벼라! 하는 기세를 보이더니,

"나는 어떠한 수단과 방법을 써서래두 우리 민중에게 위선 희망의 정신과 용기를 길러 주기 위해서 노력허는 것이 우리 계몽 대원의 가장 큰 사명으로 믿습니다. 동시에 여러분도 이 신조를 다 같이 지키기를 충심으로 바랍니다."

동혁은 성량껏 부르짖고는, 교복 소매로 이마의 땀을 씻으며 제자리

로 돌아갔다.

사회자는 아까보다 더 정중한 태도를 짓고 동혁이가 섰던 자리로 가서 장내가 정숙해지기를 기다려,

"박동혁 군의 말은 개념적이나마 누구나 존중해야 헐 좋은 의견으로 압니다."

하고는,

"그러나 현재의 정세로 보아서 어느 시기까지는 계몽운동과 사상운동을 절대로 혼동해서는 아니됩니다. 계몽운동은 계몽운동에 그칠 따름이지 부질없이 혼동해 가지고 공연헌 데까지 폐해를 끼칠 까닭은 털 끝만치도 없습니다."

하고 단단히 주의를 시킨다. 그 때에 한 구석에서,

"에그 추워——"

하고 일부러 어깨와 목소리를 떠는 학생이 있었다.

동혁의 뒤를 이어 서너 사람이나 판에 박은 듯한 경과 보고가 지루하게 있은 후 사회자는,

"이번에는 금년에 처음으로 참가헌 여자 대원 중에서 제일 좋은 성적을 나타낸 ××여자 신학교에 재학 중인 채영신 양의 감상담이 있겠습니다."

하고, 오른편에 여자들이 모여 앉은 데를 바라다본다. 남학생들은 그 편으로 머리를 돌리며 손뼉을 친다. '채영신'이라고 불린 여자는 한참 만에 얼굴이 딸기빛이 되어 가지고 일어나더니,

"전 아무 말도 허기 싫습니다!"

하고 머리를 내저으며 야무지게 한 마디를 하고는 펄썩 앉아 버린다. 사회자는 어떤 영문인지 몰라서 눈이 둥그레졌다.

뜻밖에 미리 약속까지 하였던 연사가 말하기를 딱 거절하는 데는, 사

회자와 청중이 함께 어리둥절할 수밖에 없었다.

"이유를 말헙시다."

"그 대신 독창이래두 시키게."

상대자가 여자인 까닭에 더욱 호기심을 가진 남학생들이 가만히 두고 볼 리가 없다. 음악회에서 억지로 끌어내어 재창이나 시키는 것처럼 짓궂게 박수를 하며 야단들이다.

"간단허게나마 말씀해 주시지요."

사회자는 좀 무색한 듯이 채영신이가 앉은 편으로 몇 걸음 다가오며 어서 일어나기를 권한다.

그래도 영신은 꼼짝도 아니하고 앉았다가 곁에서 동지들이 옆구리를 찌르고 등을 떠다밀어서 마지못해 일어났다. 서울 여자들은 잠자리 날개처럼 속살이 하얗게 내비치는 깨끼적삼에 무늬가 혼란한 조세트나, 근래 유행하는 수박색 코로나프레프 같은 박래품('서양에서 들여온 상품'을 이르던 말)으로 치마를 정강마루까지 추켜 입고 다닐 때연만, 그는 언뜻 보기에도 수수한 굵다란 광당포 적삼에 검정 해동치마를 입었고, 화장품과는 인연이 없는 듯 시골서 물동이를 이고 다니는 과년한 처녀를 붙들어다 세워 놓은 것 같다. 그러나 얼굴에 두드러진 특징은 없어도 청중을 둘러보는 두 눈동자는 인텔리(지식 계급) 여성다운 이지가 샛별처럼 빛난다. 그는 사회자를 쏘아보며,

"첫째, 이런 자리에서까지 남자와 여자를 구별하는지는 모르지만, 남이 다 말을 허고 난 맨 끄트머리에 언권을 주는 것이 몹시 불쾌합니다."

애띠고 결곡한 목소리다.

"흥, 웬간헌걸."

"여간내기가 아닌데."

남학생들은 혀를 내두르며 수군거린다. 제자리에 돌아와 이제껏 흥분

을 가라앉히느라고 눈을 딱 감고 있던 동혁이도, 얼굴을 쳐들고 채영신의 편을 주목한다. 두 사람은 매우 가까운 거리에 앉아 있었던 것이다.

영신은 말을 이어,

"둘째는 제 속에 있는 말씀을 솔직하게 쏟아 놓구는 싶어두요, 사회 허시는 분이 또 무어라고 제재를 허실 테니깐, 구차스레 그런 속박을 받어 가면서까지 말을 헐 필요가 없을 줄 압니다."

하고 다시 앉아 버린다. 이번에는 여자석에서 손뼉 치는 소리가 생철 지붕에 소낙비 쏟아지듯 한다.

사회자는 그만 무안에 취해서 얼굴을 붉히며 매우 난처한 표정을 짓다가,

"아까 박동혁 군이 말할 때는, 시간이 없다고 주의를 시킨 것이지 말의 내용을 간섭헌 것은 아닙니다."

하고 뿌옇게 발뺌을 한다. 그러자 동혁이가 벌떡 일어나 나치스식으로 팔을 들며,

"사회!"

하고 회장이 찌렁찌렁하도록 부른다.

"밤을 새우는 한이 있드래두, 이런 기회에 우리는 충분히 의견을 교환하고 싶습니다. 위선 지도 원리를 통일해 놓고 나서 깃발을 드는 것이 일의 순서가 아니겠습니까."

하고 톡톡히 항의를 한다. 사회자는 시계를 꺼내 보고 사교적 웃음을 띠며,

"채영신 씨, 그럼 내년에는 맨 먼첨 언권을 드릴 테니 그렇게 고집허지 마시고 말씀허시지요."

하고는 장내의 공기를 완화시키려고 슬쩍 농친다.

영신은 다시 망설이다가 이번에는 대접상으로 간신히 일어났다.

"저는 금년에야 참가를 했으니까, 이렇다고 보고를 헐 만헌 재료가 없고요, 고생을 좀 했다고 자랑할 것도 못 될 줄 압니다. 그저 앞으로 이 운동을 꾸준허게 해 나갈 결심이 굳을 뿐이니까요."

하고는 그 영채가 도는 눈을 사방으로 돌리더니,

"그렇지만 저 역시 여러분께 우리 계몽대의 운동이 글자를 가르치는 데만 그치지 말고 한 걸음 더 나아가서 우리 민족의 거의 전부라고 할 만한 절대다수인 농민들의 살길을 열어 주기 위해서 위선 그네들에게 희망의 정신을 넣어 주자는……."

하다가 상막해서 잠시 이름을 생각해 보더니,

"……박동혁 씨의 의견은 저도 전적 동감입니다!"

하고 남학생 편으로 고개를 돌린다.

"여러분은 학교를 졸업하면 양복을 갈아 붙이고 의자를 타구 앉아서, 월급이나 타먹으려는 공상버텀 깨뜨려야 합니다. 우리 남녀가 총동원을 해서 머리를 동쳐매고 민중 속으로 뛰어들어서 우리의 농촌, 어촌, 산촌을 붙들지 않으면, 그네들을 위해서 한몸을 희생에 바치지 않으면 우리 민족은 영원히 거듭나지 못합니다!"

그는 무슨 말을 더 하려다가 북받쳐 오르는 흥분을 스스로 억제하지 못하고 그만 쓰러지듯이 앉아 버린다. 장내는 엄숙한 기분에 잠겼다. 말썽을 부리던 남학생들도 머리를 수그리고 있다. 그네들의 머릿속에도 감격의 물결이 출렁거리고 있었던 것이다.

매우 긴장된 중에 K보육학교 학생들의 코러스로 간친회는 파하였다. 동혁은 여러 학생들 틈에 섞여서 서대문행 전차를 탔다. 전차가 막 떠나려는데, 놓치면 큰일이나 날 듯이 뛰어오르는 한 여학생이 있었다. 그는 동혁에게 생후 처음으로 깊은 인상을 준 채영신이었다.

영신은 승객들에게 밀려서 동혁이가 걸터앉은 데까지 와서는, 손잡이를 붙들고 섰다. 두 사람은 아직 흥분이 가라앉지 않은 검붉은 얼굴로 서로 무릎이 닿을 듯한 거리에서 대하게 되었다.

그들은 저도 모르는 겨를에 목례를 주고받았다. 비록 오늘 저녁 공석에서 처음 대면을 하였건만, 여러 해 사귀어 온 지기와 같이 피차에 반가웠던 것이다.

동혁은 앉아 있기가 미안해서,

"이리 앉으시지요."

하고 일어서며 자리를 내준다. 영신이 머리를 숙이며,

"고맙습니다. 전 섰는 게 시원해 좋아요."

하고 사양하면서 도리어 반 걸음쯤 물러선다.

동혁은 아직도 애티가 남아 있어 귀염성스러운 영신의 입모습을 보았다. 그 입모습을 스치고 지나가는 미소를 보았다.

"창에서 들어오는 바람이 더 시원한데요."

동혁은 엉거주춤하고 자꾸만 앉기를 권한다.

"어서 앉어 계세요. 전 괜찮아요."

"그럼 나두 서겠습니다."

동혁이가 반쯤 몸을 일으키기가 무섭게 다른 승객이 냉큼 뚱뚱한 궁둥이를 들이밀었다. 동혁은,

'어지간히 고집이 세구나.'

하면서도, 영신이가 저를 연약한 여자라고 자리를 사양하는 그런 대우가 받기 싫어서 굳이 앉지 않은 줄은 몰랐으리라.

차 속이 붐벼서 두 사람은 손잡이 하나를 나누어 쥐고 옷이 스치도록 나란히 섰건만,

"되레 미안합니다."

"천만에요."

하고 한 마디씩 주고받은 다음에 말이 없었다.

　운전대에서 쏟아져 들어오는 밤바람은 여간 시원하지가 않다. 영신은 앞머리카락이 자꾸만 이마를 간질여서 물동이에서 떨어지는 물방울을 손등으로 뿌리듯 한다. 한 발짝쯤 앞에 선 동혁의 안반 같은 잔등이에서는 교복에 결은 땀냄새가 영신의 코에까지 맡힌다. 그러나 한여름 동안 머리도 감지 않은 촌 여편네들과 세수도 변변히 하지 않은 아이들 틈에 끼여 지내서 시크무레한 땀내가 코에 밴 영신은 동혁의 몸에서 풍기는 냄새가 고개를 돌리도록 불쾌하지는 않았다.

　전차가 '감영' 앞에 와 정거를 하자, 영신은 앞을 비비고 나서며,

　"전 여기서 내립니다."

하고 공손히 예를 한다.

　동혁은 목을 늘이고 창밖을 내다보더니,

　"나두 여기서 내려야겠는데요."

하고 영신의 뒤를 따라 내렸다. 안전지대에서 두 사람은 즉시 헤어지지를 못하고 서성서성하다가,

　"어디루 가십니까?"

하고 동혁이가 물었다.

　"학교 기숙사루 가서 잘 텐데, 문 닫을 시간이 지나서 걱정이야요. 여간 규칙이 엄해야죠. 시간이 급해서 사감한테 말두 못허구 나왔는데요."

　"그럼 쫓겨나셨군요. 물론 객지시지요?"

　"네!"

두 사람은 방향을 정하지 못하고 아현리 쪽으로 나란히 서서 걷는다.

　"그럼 어떡하나요? 나는 이 근처서 통학허는 친구 집이 있어서 그리루 자러 가는 길이지만……."

　"전 서울 사는 동무라곤 친한 사람이 하나도 없어요."

하고 영신은 다시 돌아서며,

"아무튼 기숙사로 가 보겠어요."

하고 잘 가라는 듯이 인사를 한다. 동혁은 우연히 같은 전차를 탔으나 여기까지 같이 왔다가 혼자 보내기가 안돼서,

"그럼 내 보호병정 노릇을 해 드리지요."

하고 영신이가 사양하는 것을 금화산 밑에 있는 여신학교 기숙사 앞까지 멀찌감치 걸어서 따라 올라갔다.

기숙사는 불을 끈 지도 오래된 모양인데 대문을 잡아 흔들고 초인종을 연거푸 누르고 하여도 감감소식이다.

"이를 어쩌나. 인전 숙직실루 전화를 걸어 보는 수밖에 없는데. 전화 나 어딜 빌릴 데가 있어야죠."

하며 영신은 발을 구르면서 어쩔 줄을 모른다.

두 사람은 하는 수 없이 다시 앞서거니 뒤서거니 언덕길을 더듬으며 감영 네거리로 내려왔다. 깊은 밤 후미진 구석으로 여학생의 뒤를 따라 다니는 것부터 부질없는 노릇인데, 더구나 아는 사람의 눈에 띄든지 해서 재미없는 소문이 퍼지는 날이면 영신에게 미안할 것도 모르는 것은 아니다. 그러나 동혁은 밤중에 길거리를 헤매게 된 젊은 여자를 내버려 두고, 저 혼자만 휘적휘적 친구의 집으로 자러 갈 수는 없었다.

영신도 건강한 남자가 뒤를 따라 주는 것이 정말 보호병정이나 데리고 다니는 것처럼 든든히 여기는 눈치를 살피고 동혁은,

"아무튼 전화나 걸어 보시지요."

하고 길가 포목전의 닫힌 빈지를 두드려서 간신히 전화를 빌려 주었다.

영신은 학교의 전화번호를 불렀다. 마지못해서 문을 열어 주고서도 귀찮은 듯이 눈살을 찌푸리고 돈을 세고 앉은 주인을 곁눈으로 보면서 두 번 세 번 걸어도 귓바퀴에서 이잉이잉 소리만 들릴 뿐, 나와 주는 사

람이 없다.

"도오시데모 오이데니 나리마셍까라 마다 네가이마스."

(암만해도 아니 나오니 다시 걸어 주시오.)

하는 교환수의 맵살스러운 목소리를 듣고야, 영신은 하는 수 없이 전화를 끊고, 한숨을 내쉬면서 다시 길거리로 나왔다.

"인젠 여관으루 가실 수밖에 없군요."

동혁이도 입맛을 다셨다. 영신은,

"저 때문에 너무 걱정을 허셔서 미안합니다."

하고는 구둣부리로 길바닥을 후비듯 하다가 고개를 외로 꼬고 무엇을 생각하더니,

"인전 백 선생님 집으로나 갈까 봐요."

한다.

"백 선생이라니요?"

"왜 여자기독교연합회 총무로 있는 백현경 씨를 모르셔요?"

"이름은 익숙히 들었지만…… 그이 집이 이 근천가요?"

영신은 전등불이 드문드문 보이는 송월동 쪽을 가리키며,

"네, 바루 저 언덕 밑이야요. 그 선생님이 농촌 문제를 강연하느라구 우리 학교에두 오시는데, 저를 여간 사랑해 주시지 않으셔요. 요새 새루 설립헌 농민수양소로 실습도 하러 같이 댕겼는데, 사정을 허면 하룻밤쯤이야 재워 주시겠지요."

그 말을 듣고 동혁은 매우 안심한 듯이,

"그럼 진작 그리루 가시질 않구……."

하고는 그만 헤어지려는 것을,

"이왕 여기꺼정 와 주셨으니, 그 집까지만 바래다 주셔요, 네?"

하고 영신이가 간청하다시피 해서, 동혁은,

'아무려나.'

하고 다시 뒤를 따랐다. 동혁이도 조선 사회에서 누구나 모르는 사람이 없이 유명한 백현경이란 여자를 간접적으로나마 알고 있었다. 말썽 많던 그의 과거로부터 최근에 세계 일주를 하고 돌아와서, 또다시 개인 문제로 크나큰 이야깃거리를 제공하였고 한편으로는 농촌사업을 한다고 강연도 다니고 저술도 하여서,

'무슨 주의를 가지고 어떤 방법으로 조선의 농촌운동을 지도하려나?'

하는 점이 고등농림의 상급생인 동혁의 주의를 끌어 왔었다. 그의 사사로운 생활에는 아무런 흥미도 느끼지 않으나, 그가 신문이나 잡지에 내는 논문이나 감상담 같은 것은 빼어 놓지 않고 읽어 오는 중이었다.

'과연 어떠한 인물일까?'

동혁은 적지 않은 호기심을 가지고 여자 중에는 호걸이라고 여간 숭배를 하지 않는 영신의 이야기를 듣는 동안에, 백씨의 집까지 당도하였다.

그러나 동혁은 밤중에 여기까지 여자의 뒤를 따라온 것이 새삼스러이 멋쩍은 것 같고 또 백씨까지도 초면에 저를 어떻게 볼는지 몰라서 모자를 훌떡 벗으며,

"자, 난 그만 실례합니다. 기회 있으면 또 만나 뵙지요."

하고는 발꿈치를 홱 돌린다.

"왜, 그렇게 가셔요? 잠깐만 기다려 주시면 제가 소개를 할 테니, 문간에서래두 백 선생님을 만나 보구 가시죠, 네? 여간 환영허지 않으실걸."

좁다란 골목 안을 환하게 밝히는 외등 밑에서 영신은 길목을 막아서면서 조르듯 한다.

"아니오. 다음 날이나 만나게 해 주세요."

하고 한 마디를 남기고, 동혁은 구두 징소리를 뚜벅뚜벅 내며 골목 밖

으로 나가 버린다. 영신은 어찌하는 수 없이,

"그럼 안녕히 가셔요."

하고 큰길로 사라지는 동혁의 기다란 그림자를 서운히 바라보다가 돌아섰다. 대문을 흔들면서,

"백 선생님! 백 선생님!"

하고 커다랗게 불렀다. 모기장을 바른 행랑방 들창이 열리더니 자다가 일어난 어멈이 얼굴을 반쯤 내밀며,

"한강으로 선유 나갑셔서 여태 안 들어오셨는뎁쇼."

한다. 영신은 고만 울상이 되었다.

그 이튿날 학교로 내려간 뒤에, 동혁은 며칠 동안 마음의 안정을 잃고 지냈다. 개학초가 되어서 기숙사 안이 뒤숭숭한 탓도 있지만, 영신의 첫인상이 앉으나 서나 눈앞에 떠돌아서 공연히 들썽거리는 마음을 가라앉히기에 여간 힘이 들지 않았다.

상학 시간에는 노트 위에 펜을 달리다가도 손을 멈추고 칠판 위에 환등처럼 나타나는 영신의 환영을 멀거니 바라다보기도 하고, 운동장에 나가서는 축구부의 선수로 골키퍼 노릇을 하여 왔는데 상대편에서 몰고 들어와서 힘없이 질러 넣는 공도 어름어름하다가 발길이 헛나가서 막아 내지 못하기를 여러 번 거듭하였다. 마침 서울법전과 시합을 하려고 맹렬히 연습을 하는 판이라 축구부 감독으로부터,

"여보게 박군, 요새 며칠은 왜 얼빠진 사람 같은가? 이러다간 우승기를 빼앗기고 말겠네그려."

하는 주의까지 받았다. 그럴수록 동혁은,

'내가 정말 왜 이럴까?'

하고 평소에 자제심이 굳센 것을 믿어 오던 제 자신을 의심하리만큼 침

착해지지 않는 것을 어찌할 수 없었다.

그 수수한 차림 차림…… 조금도 어설픈 구석이 없는 그 체격…… 그리고 혈색 좋은 얼굴에 샛별같이 빛나던 눈동자…… 또 그리고 언권을 주지 않았다고 말하기를 딱 거절하던 그 맺고 끊는 듯하던 태도…… 그러나 그뿐인가? 남학생들에게 정면으로 일장의 훈계를 하던 정열적이면서도 결곡한 목소리! 그 어느 한 가지가 머릿속에 사진 찍혀지지 않는 것이 없고 말 한 마디조차 귀 밖으로 사라진 것이 없다.

'처음 보는 여자다. 외모가 예쁜 여자는 길거리에서도 더러 본 일이 있지만 채영신처럼 의지가 굳어 보이는 여자는 처음이다. 무엇이든지 한번 결심하면 기어이 제 손으로 해내고야 말 것 같은 여자다.'

이런 생각을 하느라고 필기를 하지 못하고, 헛발길질만 자꾸 하는 것이다. 더군다나,

'박동혁 씨의 의견과 전적 동감입니다.'

하던 한 마디를 입 속으로 외고 또 외고 하다가는,

'오냐, 나는 비로소 한 사람의 동지를 얻었다! 내 사상의 친구를 찾았다!'

하고 부르짖으며 저 혼자 감격하는 것이었다.

아직까지 고학을 하여 온 늙은 총각으로 이성과 접촉할 기회도 없었지만, 틈틈이 여러 가지 모양의 여성을 머릿속에 그려 보고 장래를 공상해 본 것은 사실이었다. 그러나 간담회 석상에서 채영신이란 여자를 한번 보고 밤거리를 몇십 분 동안 같이 걸어 본 뒤에는, 눈앞에서 아른거리던 그 숱한 여자들의 그림자가 한꺼번에 화다닥 흩어져 버렸다. 그리고 그 대신으로 굵다란 말뚝처럼 동혁의 머릿속에 꽉 들어와 박힌 것은 '채영신' 하나뿐이었다.

'그 날 무사히 들어가 잤나? 학교서 말이나 듣지 않았나?'

몹시 궁금은 하였건만, 규칙이 까다로운 여학교로 편지는 할 수 없었다. 그만한 용기야 못낼 것이 아니지만, 받는 사람의 처지가 곤란할 것을 생각하고 또다시 만날 기회만 고대하면서 한 주일을 지냈다.

그러다가 하루는 천만뜻밖에 영신에게서 편지가 왔다. 글씨는 난필 같으나 피봉 뒤에는, 'XX여자 신학교 기숙사에서 채영신 올림'이라고 버젓이 쓰여 있는 것을 보니, 동혁의 가슴은 울렁거리지 않을 수 없었다.

그날 밤은 여간 실례를 하지 않았습니다. 미안한 말씀은 형용키 어렵사오며 충분히 의견을 교환하고 좋은 말씀을 듣지 못한 것도 여간 유감이 되지 않습니다. 그날 밤 백 선생도 늦게야 한강에서 돌아오셔서 같이 자면서 간접으로나마 동혁 씨를 소개하였더니 좋은 동지라고 꼭 한 번 만나기를 원하십니다. 토요일 저녁마다 농촌운동에 뜻을 둔 청년 남녀들이 모여서 토론도 하고 간담도 하는 모임이 백 선생 댁에서 열리는데, 돌아오는 토요일에 올라오셔서 참석하시면 백 선생은 물론이고요, 여러 회원들이 여간 환영을 하지 않겠습니다. 꼭 올라와 주실 줄 믿사오나 엽서로라도 미리 회답을 하여 주시면 더욱 감사하겠습니다.

동혁은 두 번 세 번 읽으며 편지를 손에서 놓을 줄 몰랐다.

영신은 그날 밤 그가 숭배하는 백씨에게 백 퍼센트로 동혁을 소개하였었다. 어쩌면 동혁이가 영신에게 대한 것보다 그 이상으로 '박동혁'이란 인물의 첫인상이 깊었는지도 모른다. 그 구릿빛 같은 얼굴…… 황소처럼 건장한 체격…… 거기다가 조금도 꾸밀 줄은 모르면서도 혀끝으로 불길을 뿜어내는 듯한 열변…… 그리고 비록 처음 만났으나마 어두운 길거리로 제 뒤를 따라다니며 보호해 주면서도 조그마치도 비굴하거나 지나친 친절을 보이지 않던 그 점잖은 몸가짐…….

영신이가 입에 침이 말라서 동혁의 외모와 행동을 그려 내니까, 백씨는,

"오우 그래? 온 저런. 매우 좋은 청년이로군."

하고 서양 여자처럼 연방 감탄사를 늘어놓았다.

그는 팔베개를 하고 자리 위에 비스듬히 누워 곁눈질로 흘끔흘끔 영신의 눈치를 살피더니,

"아아니, 영신이가 대번에 그 남자한테 홀딱 반한 게 아냐?"

하고 거침없이 한 마디를 하고 사내처럼 껄껄껄 웃는다. 영신의 얼굴은 금세 주황물을 끼얹은 것처럼 빨개졌다. 머리를 푹 수그린 채,

"아이, 선생님두……."

하고 얼굴을 들지 못하는 것을 보고, 능갈진 백씨는 나이 찬 처녀의 마음속을 뚫고 들여다보는 듯이,

"그렇지, 별안간 앙가슴 한복판에 화살이 콱 들어와 박힌 것 같지? 난 못 속이지, 난 못 속여."

하고 사뭇 놀려 댄다. 영신은 그렇지 않다는 표시를 하느라고 억지로 얼굴을 쳐들며,

"제가 그렇게 경솔헌 여잔 줄 아셔요?"

하고 가벼이 뒤받듯 하였다. 그러면서도 고개는 다시금 부끄러움에 눌려 익은 곡식의 이삭처럼 저절로 수그러진다. 백씨는 한참이나 쌍꺼풀이 진 커다란 눈을 꿈벅꿈벅하며 무엇을 생각하다가 손등으로 하품을 누르면서,

"그렇지만 지금 와서 맘에 맞는 남자가 나타났드래도……."

하고는 주저주저하더니,

"벌써 약혼해 논 사람은 어떡허누."

하고 혼잣말하듯 하며 돌아누워 버렸다…….

　……영신은 사흘 뒤에 동혁의 답장을 받았다. 제 모양과 같이 뭉툭한 철필 끝으로 꾹꾹 눌러 쓴 글발은 굵다란 획마다 전기가 통해서 꿈틀거리는 듯 피봉을 뜯는 영신의 손은 가늘게 떨렸다.

　주신 글월은 반가이 받았습니다. 그날 저녁에 실례한 것은 이 사람이었소이다. 남자끼리였으면 하룻밤쯤 새우는 것이 문제가 아니었겠지만, 영신 씨의 사정을 보느라고 이야기할 기회를 놓치고 말았습니다. 나 같은 사람을 그러한 의미 깊은 모임에 청하여 주신 것은 감사하지만, 오는 토요일에는 교우회의 책임 맡은 것이 있어서 올라가지 못하니 미안합니다. 그러나 그 다음 토요일에는 경성 운동장에서 법전과 축구 시합이 있어서 올라가게 되는데, 시합이 끝나면 시간이 늦더라도 백 선생 댁으로 가겠으니, 그 때 반가이 뵙겠습니다.

하는 사연이었다. 영신은 그 편지를 백씨에게까지 가지고 가서 보이고 침상 머리의 일력을 하루에 몇 번씩 쳐다보면서 그 다음 토요일이 달음박질로 돌아오기만을 고대하였다.

　시합하는 날, 동혁은 연습할 때와는 딴판으로 컨디션이 매우 좋았다. 신문사 같은 데서 후원을 하는 것도 아니요, 아직도 늦더위가 대단해서 그런지, 넓은 운동장에 구경꾼은 반쯤밖에 아니 찼다. 중학교끼리 대항을 하는 야구와도 달라서 응원도 매우 조용하게 진행이 되었다. 전반까지는 골키퍼인 동혁이가, 적군이 몰고 들어와서 쏜살같이 들이지르는 볼을 서너 번이나 번갯불처럼 집어던지고 그 큰 몸뚱이를 방패 삼아서 막아내고 한 덕으로 승부가 없다가, 후반에 가서는 선수 중에 두 사람이나 부상자가 생긴 데 기운이 꺾여서 고농이 세 골이나 졌다.

그러나 최후까지 딱 버티고 서서 문을 지키다가 볼을 막아내치는 동혁의 믿음성 있고 민활한 동작에는 박수를 보내지 않는 사람이 없었다.

동혁은 풀이 죽은 다른 선수들과 섞여서 운동장으로 나왔다. 나오다가 정문 밑에 비켜서서 저를 기다리고 있는 두 여자를 발견하였다.

"구경 오셨세요?"

동혁은 발을 멈추며, 뜻밖인 듯이 영신에게 인사를 하였다. 그 곁에 초록색 양장을 하고 서서 저를 주목하는, 나이가 한 40이나 되어 보이는 여자를 보자, '백현경이로구나.' 하고 즉각적으로 깨달았다. 영신은 가벼이 답례를 한 뒤에,

"중간에 왔지만 썩 잘 막아내시드군요."

하고 흙과 먼지를 뒤집어쓰고 땀으로 뒤발을 한 동혁의 몸과 얼굴을 훑어보면서,

"백 선생님허구 인사하시죠."

하고 양장 부인을 소개한다. 백씨는 동혁이가 모자를 벗을 사이도 없이 다가서며,

"오우, 미스터 박!"

하고 손을 내민다. 동혁은 같이 나오던 선수들이 흘끔흘끔 돌아다보고 무어라고 수군거리며 전찻길로 건너가는 것을 보면서 흙투성이가 된 운동복 바지에다 얼른 손바닥을 문지르고 백씨의 악수를 받았다.

"박동혁이올시다. 백 선생의 선성은 많이 들었습니다."

하고 체수에 걸맞지 않게 수줍어한다. 백씨가,

"아, 이 미스 채가 자꾸만 구경을 가자고 졸라 싸서……."

하고 돌아다보니까, 영신은,

"아이, 선생님두…… 제가 언제 졸랐어요?"

하고 백 선생의 말끝을 무지르며 살짝 흘겨본다.

"아무튼 아주 파인 플레이를 보여 주셔서 여간 유쾌허지 않었습니다."

하는 백씨의 칭찬에,

"천만에요, 두 분이 오실 줄 알었드면 꼭 이길 걸 그랬습니다."

하고 동혁은 허연 이를 드러내며 운동선수다운 쾌활한 웃음을 웃어 보인다. 그 때에 먼저 전차를 탄 선수들이 승강대에서,

"여보게, 동혁이——"

하고 소리를 지르며 어서 오라고 손짓을 한다. 동혁은,

"가네, 가!"

하고 손을 들어 보이자, 영신이가 다가서며,

"이따가 꼭 오시죠? 시간은 7시야요."

하고 재빨리 묻는다. 동혁은,

"네, 가겠습니다."

한 마디를 던지듯 하고, 백씨에게는 인사도 할 사이가 없이 전찻길로 달려가더니, 속력을 놓기 시작한 전차를 홱 집어탔다. 전차가 지나간 뒤에는 두 줄기 선로만 영신의 눈이 부시도록 석양을 반사하였다.

……동혁은 약속한 시간에 거의 일분도 어김없이 백씨의 집 대문 안으로 들어섰다. 목욕을 하고 교복으로 갈아입고 와서, 중문간까지 나갔던 이 집의 주인은 그를 얼른 알아보지 못하다가,

"어서 들어오셔요. 난 누구시라구요. 시간을 썩 잘 지켜주시는군요."

하고 팔뚝시계를 보고 너스레를 놓으며 동혁을 반가이 맞아들인다.

"댁이 훌륭헌데요."

하고 동혁은 두리번거리며 집 안을 둘러본다. 3천 원이나 들여서 새로 지었다는 집은 네 귀가 반짝 들렸는데, 서까래까지 비둘기장처럼 파란

페인트칠을 하였고, 분합마루 유리창에는 장미꽃 무늬가 혼란한 휘장을 늘여 쳤다. 마당은 그다지 넓지 못하나 각색 화초가 어우러져 피었는데, 그 중에도 이름과 같이 청초한 옥잠화 두어 분은 황혼에 그윽한 향기를 내놓는다.

먼저 온 회원들은 응접실로 쓰는 대청에 모여서 혹은 피아노를 눌러 보고, 혹은 백씨가 구미 각국으로 시찰과 강연을 하러 다닐 때 박은 사진첩을 꺼내 놓고 둘러앉았다.

그가 여류 웅변가요, 음악도 잘한다는 말은 들었지만 그 집에 피아노 까지 있는 줄은 몰랐고, 독신으로 지내는 여자가 그러한 문화 주택을 짓고 지낼 줄은 더구나 상상 밖이었다.

그는 대청으로 올라가서 주인의 소개로 7, 8명이나 되는 젊은 여자들과 인사를 하였다. 여자들은 입 속으로만 제 이름을 대서 하나도 기억은 할 수 없다. 남자 회원은 아직 한 사람도 안 온 모양인데, 웬일인지 안내역인 영신은 그림자도 나타나지를 않는다.

'그저 안 왔을 리는 없는데……'

동혁은 매우 궁금하기는 하나 이구석 저구석 기웃거리며 찾을 수도 없고, '채영신이는 왜 보이지 않느냐?'고 누구더러 물어보기도 무엇해서 한 구석 의자에 걸터앉아서 분통같이 꾸며 놓은 마루방 치장만 둘러보았다. 백씨가 조선옷으로 갈아입고 나오는데, 반쯤 열린 침실이 언뜻 눈에 띄었다. 유리 같은 양장판 아랫목에는 새빨간 비단 보료를 깔아 놓았고, 그 머리맡의 자개 탁자는 초록빛의 삿갓을 씌운 전등이 지금 막 들어와서 으스름달처럼 내리비친다. 여자의, 더구나 독신으로 지내는 여자의 침실을 들여다보는 것이 실례인 줄 모르는 것이 아니다. 주인이 제가 앉은 바로 맞은 쪽의 미닫이를 열고 드나들기 때문에 자연 눈에 띄는 데야 일부러 고개를 돌릴 까닭도 없었다.

동혁은 그와 똑같이 으리으리하게 치장을 해 놓은 방이, 그 윗간에도 또한 이간쯤이나 엇비슷이 들여다보이는 데는 놀라지 않을 수 없었다. 그러다가,

"왜들 얘기두 안허구 있어요? 자, 이것들이나 들으면서 우리 저녁을 먹읍시다."

하고 귀중품인 듯 빨간 딱지가 붙은 유성기판을 들고 나오는데, 그 등 뒤를 보니까 윗목에 반 간 통이나 되는 체경이 달려 있다. 동혁은 속으로,

'오오라, 체경에 비쳐서 또 다른 방이 있는 것 같은 걸 몰랐구나. 기생방이면 저만큼이나 차려 놨을까?'

하면서도 은근히 영신이를 기다리느라고 고개를 대문 편으로 돌리곤 한다. 그러자,

"아, 이건 별식을 헌다구 저녁을 굶길 작정야?"

하고 백씨가 분합 끝으로 나서며 외치니까,

"네에, 다 됐어요."

하는 귀에 익은 목소리가 부엌 안에서 나더니, 뒤미처 에이프런을 두른 영신이가 양식 접시를 포개 들고 이마에 땀을 흘리면서 나온다. 동혁이가 온 줄을 벌써 알았지만 음식을 만들다 말고 내달아 번잡스러이 인사를 하기가 싫어서 이제야 나온 것이다. 동혁은 영신과 눈이 마주쳐서,

'오, 부엌 안에 있었구나.'

하면서 말 대신 웃음을 띠고 머리만 숙여 보인다.

유성기를 틀어 오케스트라를 반주 삼으며, 여러 사람은 영신이가 만든 카레라이스와 오믈렛 같은 양식을 먹으면서 이야기판이 벌어졌다.

이야기판이 벌어졌대도 영신은 이 집의 식모와 함께 시중을 드느라고 부엌으로 들락날락하고, 농민수양소 여자부에서 초대를 받아 온 시골 학생들은 처음으로 먹는 양식을 잘못 먹다가 흉이나 잡힐까 보아 포크

를 들고 남의 눈치를 보는데, 백씨 혼자서 떠들어 댄다. 동혁과 영신이를 번갈아 보면서 그 동안에 몇십 번이나 곱삶았을 듯한 정말(덴마크)의 시찰담으로부터 구미 각국의 여성들의 활동하는 상황 같은 것을 풍을 쳐 가며 청산유수로 늘어놓았다.

청년회의 농촌지도부 간사로 있는 얼굴이 노란 김씨라는 사람이 늦게야 참석을 해서 인사를 하였을 뿐이요, 남자는 단 두 사람이라, 동혁은 잠자코 제자리에 오는 음식만 퍼넣듯 하고 앉았다.

영신이가 모박아서 두둑이 담아 준 카레라이스 한 접시를 게눈 감추듯 하고는 점직하니 앉았는 동혁을 보고 백씨는

"이봐 영신이, 이 미스터 박은 한 세 그릇 자셔야 헐걸."

하고 더 가져오라고 눈짓을 한다. 영신은 저도 그런 생각을 했다는 듯이 카레 건더기를 담은 것을 냄비째 들고 와서,

"첫 번 솜씨가 돼 맛은 없지만, 냉기시면 안 돼요."

하고 귓속말하듯 한다. 동혁은,

"허, 이건 나를 밥통으로 아시는군요."

하며 이 집에 와서 처음으로 영신이와 말을 주고받았다.

식사가 끝난 뒤에는 차가 나오고 실과가 나왔다.

백씨는 잠시도 입을 다물 사이가 없이 '우리의 살 길은 오직 농촌을 붙드는 데 있다.'는 것과 '여러분들과 같은 일꾼들의 어깨로 조선의 운명을 짊어져야 한다.'는 등 열변을 토한다.

여러 사람들이 매우 감동이 된 듯 머리를 숙이고 있는 것을 보고 백씨는,

"미스터 박, 그 동안 많이 활동을 허셨다니 그 얘기를 좀 들려주시지요. 많은 참고가 될 줄 믿습니다."

하고 농촌운동에 관한 감상을 묻는다. 동혁은,

"나는 여러분의 말씀을 들으려구 왔으니까요……."

하고 사양을 하여도, 무슨 말이든지 해 달라고 굳이 조르다시피 하니까, 동혁은 못 이기는 체하고 찻잔을 입에서 떼며 뒤통수를 긁적긁적하더니,

"그럼 한 마디 허지만 들으시기가 좀 거북허실는지두 모를 거요."

하고 뒤를 다진다.

"온 천만에, 좋은 말은 귀에 거슬리는 법이라는데요."

사교에 능란한 백씨라 낯을 조금 붉히는 듯하면서도 그만한 대답쯤은 예사로 한다. 동혁은 실내의 장식과 여러 사람의 얼굴을 다시 한 번 둘러본 뒤에,

"나는 뒷구멍으로 남의 흉을 본다든지 당자가 듣지 않는데 뒷공론을 허는 걸 싫어하는 성미예요."

하고 화두를 꺼내더니 목소리를 떨어뜨려,

"이런 모임이 고적허게 지내는 백 선생을 가끔 위로해 드리는 사교적 회합이라면 모르지만, 농촌을 지도헐 분자들이 장래에 헐 일을 의논하려는 모임 같지는 않은 감상이 들었어요."

하고 눈도 깜짝거리지 않고 쳐다보는 영신을 향해서 말하듯이,

"나는 이런 정경을 눈앞에 그려 보고 있었는데…… 들판의 정자라구 헐 수 있는 원두막에서 우리들이 모였다구 칩시다. 몇 사람은 밭으루 내려가서, 단내가 물큰허구 코를 찌르는 참외나 한아름이나 되는 수박을 둥둥 두드려 보고는 꼭지를 비틀어서 이빨이 제리두록 찬 샘물에다가 흠씬 담거두거든요. 그랬다가 해가 설핏헐 때 그놈을 끄내설렁 쩍 뻐개 놓구는 삑 둘러앉어서 어적어적 먹어 가며 얘기를 했으면, 아마 오늘 저녁의 백 선생이 하신 말씀이 턱 어울릴 겝니다."

하고 의미 깊게 듣는 듯이 고개만 끄덕여 보이는 주인을 흘낏 본다.

영신은,

"아이, 말만 들어두 침이 괴네."

하고 재미있는 옛날이야기를 듣는 어린애처럼 다가앉는다. 동혁은 물끄러미 영신을 보다가 말을 계속한다.

"석양판에 선들바람이 베옷 속으루 스며들 적에 버드나무의 매미 쓰리래미 소리가, 피아노나 유성기 소리버덤 더 정답구 깨끗헌 풍악소리루 들려야 허겠는데…… 어째 오늘 저녁엔 서양으로 유람이나 온 것 같은걸요."

하고 시침을 딱 갈기고 한 마디 비꼬아 던지는 바람에 백씨는 그만 자존심을 상한 듯 동혁과는 외면을 한 채,

"그야 도회지에서 살게 되니까 외국 사람허구 교제 관계두 있어서 자연 남 봄에는 문화생활을 허는 것 같겠지요. 그렇다구 내가 그런 시굴 취미를 모르는 줄 아시면 그건 오핼걸요."

하고 변명 비슷이 한다. 동혁은 그런 말이 나올 줄 알았던 것처럼,

"취미요? 시굴 경치에 취미를 붙인다는 것과 농민들과 똑같은 생활을 해 가면서 우리의 감각까지 그네들과 같아진다는 것과는 딴판이 아닐는지요? 값비싼 향수나 장미꽃의 향기를 맡아 오던 후각이, 거름구덩이 속에서 두엄 썩는 냄새가 밥 잦히는 냄새처럼 구수하게 맡아지게까지 돼야만, 비로소 지도자로서의 자격이 생길 줄 알아요. 농촌운동자라는 간판을 내걸은 사람의 말과 생활이, 이다지 동떨어져서야 되겠습니까?"

하고 나서, 동혁은 제가 한 말이 좀 과격한 듯해서,

"반드시 백 선생더러만 들으시라는 말씀이 아닙니다. 허지만 농촌운동일수록 무엇버덤 실천이 제일일 줄 알아요. 피릴 부는 사람 따루 있구, 춤을 추는 사람 따루 있던 시대는 벌써 지났으니까요. 우리는

피리를 불면서 동시에 춤을 추어야 합니다. 요령을 말씀하면 우리는 남의 등 뒤에 숨어서 명령하는 상관이 되지 말고, 앞장을 서서 제가 내린 명령에 누구버덤 먼저 복종하는 병정이 돼야만 우리의 운동이 성공허겠단 말씀입니다."

이 말을 하기에 동혁은 이마에 땀을 다 흘렸다. 그 동안 백씨는 몇 번이나 얼굴의 표정이 야릇하게 변하다가 무슨 생각에 잠긴 모양인데, 영신은 눈을 내리감고 앉았으나 동혁이가 말 구절마다 힘을 들일 때는 무엇에 꾹꾹 찔리는 것처럼 어깨와 젖가슴이 움직이는 것을 동혁은 정면으로 보았다.

백씨가 자기의 변명을 기다랗게 늘어놓으려는 기세를 살피고, 동혁은 기둥에 걸린 뻐꾸기 시계를 쳐다보더니,

"기차 시간이 돼서, 그만 실례하겠습니다."

하고 일어선다. 백씨는 형식적으로,

"왜 어느새……."

하고 붙잡는 체하는데, 영신이 시계를 쳐다보더니,

"참, 저두 가야겠어요."

하고 따라 일어선다.

두 사람은 큰길로 나왔다. 상기가 되었던 뺨을 스치는 바람이 여간 시원하지가 않다.

"우리 산보나 할까요?"

"기차 시간이 되지 않았어요?"

"오늘 못 가면 내일 첫차루 가지요. 하룻밤쯤 새우는 건 문제가 아니지요. 영신 씨가 또 쫓겨나실까 봐서……."

"전 괜찮아요. 쫓겨나면 고만이죠."

영신은 동혁이가 또 그대로 뿌리치고 갈까 보아 도리어 겁이 났던 판

이라 '어디로 갈까' 하고 고개를 갸우뚱하다가,

　"그럼 목두 마른데 악박골루 가서 약물이나 마실까요?"

하고 독립문 쪽을 향해서 앞장을 선다.

　"참, 악박골이 영천이라구두 허는 덴가요?"

　"여태 한 번두 못 가보셨어요?"

　"온 시굴뚜기가 돼서……."

　"누군 시굴사람이 아닌가요. 우리 고장은 옛날에 서울 양반들이 귀양
살이하러 오던 동해변의 조그만 어촌인데요. 동혁 씨의 고향은 저번
에 소개를 해 주셔서 잘 알았지만 거기도 어지간히 궁벽한 데더군
요."

　두 사람은 천천히 걸어가면서, 서로 자기네 고향의 풍경과 주민들의
생활하는 형편을 좀더 자세히 이야기하였다.

　버스는 그친 지도 오랜 듯, 큰길 양옆의 가게는 빈지를 닫기 시작한
다. 독립문을 지나 서대문 감옥 앞 넓은 마당까지 오니까 전등불이 검
숭 드뭇해지고, 오고 가는 사람도 드물어서 어두운 골목 속으로 드나드
는 흰 옷자락만 희뜩희뜩 보일 뿐.

　떠오른 지 얼마 안 되는 하현달은 회색빛 구름 속에 숨었다가는 흐릿
한 얼굴 반쪽을 내밀고 감옥의 높은 담 안을 들여다보고 있다. 악박골
물터 위의 조그만 요릿집에는 장구 소리와 함께 노랫가락이 흘러나온
다. 건달패와 논다니들이 어우러져서 약물이 아닌 누룩국물을 마시고
그 심부름을 하는 모양이다.

　동혁은 다른 사람이 하는 대로 돈 십 전을 주고, 약물 한 주전자와 억
지로 떠맡기는 말라빠진 굴비 한 마리를 샀다.

　"온, 샘물을 다 사먹는담."

하고 한 바가지를 철철 넘치도록 따라서 영신에게 권한다.

"주전자 꼴허고 약이 되기는커녕 배탈이 나겠어요."

하면서도 한창 조갈이 심하던 판이라, 둘이 번차례로 한 사발씩이나 벌떡벌떡 마셨다. 물이야 정하나마나 폭양에 운동을 한데다가 한여름 동안 더위에 들볶이던 오장은 탄산수를 마신 것처럼 쏴아 하고 씻겨 내려가는 것 같은데, 골 안으로 스며드는 밤기운에 속적삼에 배었던 땀이 식어서 선뜩선뜩할 만큼이나 서퇴(더위가 물러감)가 되었다.

두 사람은 으슥한 언덕 밑 바위 아래에 손수건을 깔고 앉았다. 등 뒤 송림 속에서 누군지 청승맞게 단소를 부르는 소리가 들린다. 영신은 한참이나 말없이 고개를 숙이고 있다가,

"감옥 속에 갇힌 사람이 자다 말고 저 소릴 들으면 퍽 처량허겠어요."

하고 얼굴을 든다. 구름을 벗어난 창백한 달빛은 고향 생각에 잠겼던 그의 얼굴을 씻어 내린다.

"참, 사람의 일이란 알 수 없군요."

동혁이도 약간 애상적인 감정에서 눈을 번쩍 뜨며 혼잣말하듯 한다.

"왜요?"

영신의 눈은 동그래졌다.

"몇 주일 전까지는 백판 이름두 모르던 우리가 이렇게 한자리에 앉아서 약물터의 달을 똑같이 쳐다볼 줄이야 꿈이나 꾸었겠어요?"

"정말요, 이것두 하나님의 뜻인가 봐요."

"참, 영신 씨는 크리스찬이시지요?"

"전 어려서부터 믿어 왔어요. 왜 동혁 씨는 요새 유행하는 막스주의자셔요?"

"글쎄요. 그건 차차 두구 보시면 알겠어요. 아무튼 신념을 굳게 하기 위해서나 봉사의 정신을 갖기 위해서는 신앙생활을 허는 것두 좋겠지요. 그렇지만 자본주의에 아첨을 허는 그따위 타락헌 종교는 믿구 싶

지 않어요."

하다가 영신이가 무어라고 질문을 할 기세를 보이니까 동혁은,

　"종교 문제 같은 건 우리 뒀다가 토론허십시다. 그버덤 더 중요한 얘기가 있으니까."

하고 동혁은 손을 들어 미리 영신의 말문을 막아 버렸다. 그리고는 눈을 딱 감고 한참이나 이슬에 젖은 숲 속의 벌레 소리를 듣고 있더니,

　"나는 이런 생각을 하고 있어요."

하고 웅숭깊은 목소리로 말을 꺼낸다.

　"간담회 석상에서 영신 씨가 하신 말씀을 듣구 감복을 했지만, 내가 농촌의 태생이면서두 여러 해 나와 있다가 직접 농촌 속으루 들어가 보니까, 참말 그네들의 사는 형편이 말이 아니에요. 신문이나 잡지에서 떠드는 것버덤 몇 곱절 비참하거든요."

하고 한참이나 뜸을 들이다가 마른침을 삼키더니, 오래 전부터 각오를 하고 있었던 것처럼,

　"나 자진해서 학교를 퇴학허고 싶어요."

하고는 다시금 생각에 잠긴다. 숲 속에서 반득이는 반딧불을 들여다보며, 동혁의 말에 귀를 기울이고 있던 영신은 얼굴을 번쩍 들며,

　"왜요? 일 년 반만 더 댕기시면 졸업을 허실 텐데요?"

하고 놀라운 듯 눈을 크게 뜬다.

　"고만둘 수밖에 없어요. 중학교 때엔 억지를 쓰구 별별짓을 다해 가면서 고학을 했지만, 나 하나 공부를 시키시려구 아버지는 올봄까지 대대루 내려오던 집앞 논까지 거진 다 팔으셨어요. 졸업만 히면 큰 수나 날 줄 알구 계량할 것두 안 남기신 모양인데 내가 졸업이라구 헌댔자 바루 취직두 허기 어렵지만, 무슨 기수라는 명색이 붙는대야 월급이라군 고작 사오십 원밖에 안 될 테니, 그걸 가지구 객지에서

물 밥 사먹어 가며 양복 해 입구 소위 교제비까지 써 가면서 수다한 식구를 먹여 살릴 수가 있겠어요? 되려 빚만 자꾸 지게 되지요. 그러니까 나머지 땅마지기나 밭날갈이를 깡그리 팔아 없애구서, 거산을 허게 되기 전에 하루바삐 집으로 돌아가서 넘어진 기둥을 버티고 다시 일으켜 세울 도리를 차려야겠어요. 까딱허면 굶어 죽게 될 형편이니까요."

"……."

영신은 동혁의 사정도 딱하거니와 그만 못지않게 말이 아닌 저의 집의 형편을 생각하느라고 말대답도 아니하고 있다가 한참만에야 한숨을 섞어,

"제 사정은 백 선생밖에는 아무헌테두 말헌 적이 없어요. 홀로 되신 우리 어머니는 육십 노인이 딸 하나 공부시키느라구 입때 생선 광주리를 이구 댕기셔요. 올여름엔 더위를 잡숫고 길바닥에 쓰러지신 걸 동네 사람들이 업어다 눕혀 드렸어요. 그렇건만 약 한 첩 변변히……."

그는 그만 목이 메었다가 간신히 입술을 떨며,

"정신을 잃으신 동안에 어느 몹쓸 놈이 푼푼이 모아 넣으신 돈주머니를 끌러 가서 그게 원통해 밤새두룩 우시는데……."

하고 영신은 가슴속으로부터 치밀어 오르는 울음을 참느라고 잇자국이 나도록 손가락을 깨문다.

동혁은 몹시 우울해졌다. 가슴이 턱 막힌 듯이 갑갑해서 더운 입김을 후——하고 내뿜는다.

숲 속의 벌레 소리도, 바위 틈으로 졸졸졸 흘러내리는 샘물 소리도 두 사람의 귀에는 들리지 않는 듯 동혁은,

'내가 공연히 그런 소리를 끄집어냈구나.'

하고 바로 정수리 위에서 황금빛으로 반짝이며 내려다보는 유난히 큰

별을 원망스러이 쳐다보다가 영신의 앞으로 바싹 다가앉으며,

"자, 우리 그런 생각은 고만 허십시다. 어쨌든 우리는 명색 전문학교
까지 댕겨 보니까, 여간 행복된 사람들이 아니지요."

하고 목소리 부드러이 영신을 위로한다.

"참말 공부니 뭐니 다 집어치구 시골루 내려가야겠어요. 공부를 한다
는 핑계로 서울 와서 나 혼자 편안히 지내는 게 어머니께나 동리 사
람들한테까지 큰 죄를 짓는 것 같아요. 첨엔 멋도 모르구서 무슨 성
공을 하구야 내려간다구 하나님께 맹세꺼정 허구 올라왔지만요…….
더군다나 아까 백 선생 댁에서 허신 말씀을 듣구 이제까지 지내온 걸
여간 뉘우치지 않았어요."

그 말을 듣자 동혁은 벌떡 일어섰다. 양복 바지에다가 두 손을 찌르
고, 거진 궐련 한 개를 태울 동안이나 왔다갔다 하며 무슨 생각에 잠겼

다가, 영신의 앞으로 다가가며,

"영신 씨!"

하고 힘차게 부른다.

"우리 둘이 이렇게 만나서 한 십 년이나 사귄 동지처럼 가슴을 터놓구 하룻밤을 세운 기념을 우리 영원히 남기십시다."

하고 중대한 동의를 한다.

"어떻게요?"

영신의 눈은 달빛에 새파랗게 빛난다. 동혁은 버썩 대들어 그 소댕 같은 손으로 서슴지 않고 여자의 두 손을 덥석 잡으며,

"우리 시굴루 내려갑시다! 이번 기회에 공부구 뭐구 다 집어치구서 우리의 고향을 지키러 내려갑시다! 한 가정을 붙든다느니버덤두 다 쓰러져 가는 우리의 고향을 붙들기 위한 운동을 일으키기 위해서 자 용기를 냅시다! 그네들을 위해서 일을 허다가 죽는 한이 있드래두 선 구자로서의 기쁨과 자랑만은 남겠지요."

영신이가 무엇에 아찔하게 취한 듯이 눈을 내리 감고 있는 것은 불시에 두 방망이질을 하는 심장의 고동을 진정하려 함이다. 그는 마주 일어서서 동혁에게 으스러지도록 잡힌 두 손에 힘을 주며,

"고맙습니다! 당신 같으신 동지를 얻게 해 주신 하나님께 감사합니다."

영신은 더 길게 말하지 않았다. 어느덧 인왕산 너머로 기울어 가는 달빛 아래서 두 남녀의 마주 쏘아보는 네 줄기 시선은 비상한 결심에 빛나고 있었다.

일적천금

날이 가물어서 동리마다 소동이 대단하다. 정월 대보름은 하루 종일 진눈깨비가 휘뿌려서 송아지 한 마리를 태우는 윷놀이판에 헤살을 놓았었고, 모처럼 풍물을 차리고 나선 두레꾼들을 찬비 맞은 족제비 꼴을 만들더니, 그 뒤 석 달째 접어든 오늘까지 비 한 방울 구경을 못하였다.

"허어 이 날, 사람을 잡으려구 이렇게 가무는 게요."

바싹 마른 흙이 먼지처럼 피어 올라, 폴싹폴싹 나는 보리밭에 북을 주던 박 첨지는 기신없이 괭이질을 하던 손을 쥐고 허리를 펴며 혼잣말로 탄식을 한다. 그는 검버섯이 돋은 이마에 주름살을 잡으며 머리 위를 우러러본다. 그러나 가을날처럼 새파란 하늘에는 구름 한 점 찾아낼 수가 없다. 바닷가의 메마른 농촌에 바람만 진종일 씽씽 불어서 콧구멍이 막히고 목의 침이 말라드는 것 같다.

"이런 제에기, 보리싹이 연골에 말라 배틀어지니 올여름엔 냉수만 마시고 산담메."

늙은이는 다시 한 번 말과 한숨을 뒤섞어 내뿜고는 이제야 겨우 강아지풀 잎사귀만하게 꼬리를 흔드는 보리싹을 짚신 발로 걸어찬다. 그러다가 화풀이로 쌈지를 긁어 희연 부스러기 한 대를 태워물고 빠끔빠끔 빨다가 괭이 자루에 탁탁 털어 버린다.

그는 한참 동안이나 멍하니 섰다가, 그래도 하는 수 없다는 듯이 멍

에같이 굽은 허리를 주먹으로 두어 번 두드린 뒤에 손바닥에다 침을 퉤퉤 뱉더니 다시 괭이를 잡는다.

"참 정말 큰일났구려. 참죽나무에 순이 나는 걸 보니깐 못자리헐 때두 지났는데 비 한 방울이나 구경을 해야 허지 않소."

곁두리 때가 훨씬 지나도록 바닷가에서 갯줄나물을 캐어 가지고 들어온 마누라가 영감의 등 뒤에서 반남아 기운 광주리를 던지고 기운 없이 밭두덕에 가 주저앉으며 하는 말이다. 앞니가 몽땅 함몰을 해서, 동리 계집애들은 그를 합죽할머니라고 놀린다.

"그러게 말요. 이대루 가물다간 기미년처럼 기우제를 지낸다구 떠들겠는걸."

박 첨지는 마누라를 흘끗 돌아다보고 중얼중얼 군소리하듯 한다.

"너구리굴 보구 피물돈버텀 내쓴다구, 동혁이 월급 탈 때만 바라구서 조합 돈꺼쩡 써 놨으니, 참 정말 입맛이 소태 같구려."

영감의 말을 한숨으로 화답하던 마누라는,

"그래두 동혁이가 어떡허든지 우리 양주 배야 곯리겠수?"

"명색이라두 학교 졸업이나 했으면 모를까, 지금 와서 전들 무슨 뾰죽헌 수가 있나베. 양식이라구 인젠 묵은 보리 여남은 말이 달랑달랑 허는데……."

"아무튼 그 자식이 우리 집 기둥인데 조석 때마닥 동리 일만 헌다구 몰아세질랑 마슈. 그렇게 성화를 헌다구 말을 들을 듯 싶우? 제가 허구 싶어서 허는 노릇을. 목이 말러두 주막에 가서 탁배기 한 잔 입에 대지 않는 자식을 가지구서……."

"글쎄, 오늘두 여태 안 들어오는 걸 좀 보우. 아비가 올부텀은 일이 심에 부쳐서 당최 꿈지럭거리질 못하는 줄 뻔히 알면서 나댕기기만 하니 말이지."

"그래두 저딴엔 동네에 유조헌 일을 헌답시구 밥두 제때에 못 먹구 돌아댕기는 게 난 가엾어 못 보겠습디다."

"아무튼 그놈의 농우휜가 강습휜가 허는 것버텀 없애 버려야 해. 동혁이 초사에 동리 젊은 녀석들은 한 놈이나 집에 붙어 있어야지. 밤낮 몰려 댕기며 역적모의허듯 쑥덕공론만 허니 밥이 생기나 옷이 생기나."

박 첨지는 혀를 끌끌 차며 젊은 사람들을 꾸짖고, 마누라는 아들의 두둔을 하느라고 어느덧 땅거미 지는 줄을 모른다.

맷방석만한 시뻘건 해는 맞은편 잿배기를 타고 넘는다.

"저 해를 좀 보슈, 가물지 않겠나."

한쪽을 찌긋한 마누라의 눈에는 흉년이 들 조짐이 보이는 듯하다. 그는 유심히 서녘 하늘을 바라다보다가,

"아, 저어기 동혁이가 오는구려!"

하고 아들의 그림자를 몇 해 만에야 발견한 듯 가벼이 부르짖으며 무릎을 짚고 일어선다.

박 첨지 양주의 눈이 부시도록 넘어가는 석양을 등 뒤에 받으면서 잿배기를 넘어오는 동혁의 윤곽은 점점 뚜렷이 나타났다. 회색 저고리 바지에 검정 조끼를 입고 삽을 둘러맨 동혁이는 역광선에 원체 건장한 체격이 더한층 걸대가 커 보인다. 아들이 가까이 오자,

"점심두 안 들어와 먹구 여태 어디서 뭣들을 했니?"

하고 묻는 아버지의 목소리는 아까 꾸짖던 때와는 딴판으로 부드럽다.

"공동답 못자릴 허려구 물을 푸는데 쌈들이 나서 입때꺼정 뜯어 말리구 왔에요."

"넌 집의 못자릴 헐 생각두 않구 공동답에만 매달리면 어떡허잔 말이냐?"

아버지의 나무라는 말에 동혁은,

"차차 허지요. 물 푸는 게 서투니까, 어떻게 심이 드는지……. 두렁
밑을 파는데두 논바닥이 바짝 말러서 세상 가래를 받어야지요."

하고 집으로 들어가 세수를 하고 발을 씻고 제 방으로 들어가더니 기직
자리 위에 가 턱 눕는다. 누웠다느니보다도 진종일 지친 팔다리를 쭈욱
뻗고 지쳐 늘어진 것이다. 산울 밖에서 걸귀가 꿀꿀거리는 소리가 들리
건만 꼼짝도 할 수가 없어서 누워 있노라니,

"저녁 먹어라."

하는 어머니의 목소리와 함께 된장찌개 냄새가 허기가 지도록 시장하던
동혁의 코에 맡혔다. 장물을 찔끔 친 갯줄나물과 짠지쪽이 반찬이다.

"동화는 그저 안 들어왔에요? 들어오건 같이 먹지요."

동혁은 벌떡 일어나며 아우를 찾는다.

"누가 아니. 수동이네 주막에서 대낮버텀 술을 처먹는다더니 여태 게
있는 게지. 뭐구뭐구 그 애가 맘을 못 잡아서 큰일났다. 글쎄 요샌 매
일 장취로구나. 형두 형세가 부쳐서 하다 만 공부를 뭘 가지고 하겠
다구 허구헌 날 성화를 바치니 온 살이 내릴 노릇이지. 큰말 강 도사
네 작은 아들이 대학곤가 죨업허구 와설라문 꺼떡대는 걸 보군, 버쩍
더 거염을 내니 어쩌면 좋냐. 뱁새가 황새를 따르려다간 다리가 찢어
지는 줄 모르구 덮어놓구 날뛰는구나."

"아닌게아니라 큰 걱정이에요. 암만 사정하듯 타일러두, 점점 왜먹기
만 하는걸. 성미가 여간내기라야 손아귀에 넣어 보지요."

하는데 호랑이도 제 말을 하면 온다고 동화가,

"아아니, 이 집에선 바 밥들을 호 혼자 먹나."

하고 혀끝을 굴리지 못하고 비틀걸음을 치면서 들어온다. 눈동자까지
개개 풀린 것이 막걸리 사발이나 좋이 들이켠 모양이다. 평소에는 성이

난 사람처럼 뚜웅하니 남하고 수작하기도 싫어하면서 술만 들어가면 불평이 쏟아진다. 근자에는 안하무인으로 술주정까지 함부로 해서 아버지조차 '저 자식은 하우불이야.' 하고 그만 치지도외를 한다.

동화는 썩은 연시 냄새 같은 술냄새를 후우 하고 내뿜으며 방으로 뛰어들더니,

"아 그래, 성님은 공부도 혼자 허구 밥꺼정 혼자 먹는 거유?"

하고 지게미가 낀 눈을 부라리며 생트집을 잡는다. 싹 깎은 머리가 자라서 불밤송이처럼 일어났는데, 형만 못지않게 건장한 몸집은 올해 스물두 살이라면 누구나 곧이를 안 들을 만하게 우람스럽다.

"어서 밥이나 먹어라. 애긴 술이 깨건 허구……."

아우의 성미를 건드렸다가는 마구 뚫린 창구멍으로 무슨 소리가 나올지 몰라서 형은 점잖이 타이른다.

"아아니, 내가 술이 취 취헌 줄 아우? 술두 안 먹는 성님은 도무지 대체 허는 게 뭐유? 밤낮 그 잘나빠진 공동답이나 주물르구 콧물 흘리는 아이들을 뫼놓구서 언문 뒷다리나 가르치면 제일의 강산이란 말요. 나 하나 공부두 못허게 말끔 팔어 없애구서 큰소리가 무슨 큰소리유? 어디 헐 말이 있건 해보."

하면서 사뭇 형의 턱밑에다 삿대질을 하더니 이빨을 부드득부드득 갈다가,

"아이구……."

하고 주먹으로 앙가슴을 친다. 그러다가는,

"제에길헐, 두 번 못 올 청춘을 이 시굴 구석에서 썩혀야 옳단 말이냐?"

하고 벽이 무너져라고 걷어차며 소리를 버럭버럭 지르더니 그만 넉장거리로 자빠져 버린다.

동혁은 아랫입술을 지그시 깨물고 앉아서 아우의 폭백을 받았다. 금새 드르렁드르렁 코를 골기 시작하는 동화의 머리를 들고 목침을 베어 주고는 뱃속이 몹시 괴로운 듯 눈살을 잔뜩 찌푸린 얼굴을 물끄러미 들여다보려니까, 속도 상하고 식곤증이 나서 팔베개를 하고 그 곁에 누웠는데,

"편지 받우…… 박동혁이 있소?"

하는 소리가 싸리문 밖에서 유난히 크게 들렸다. 동혁은 벌떡 일어나 고무신짝을 끌며 황급히 밖으로 나갔다.

편지는 영신에게서 온 것이었다. 동혁이가 학교를 그만두고 내려올 때에 정거장에서 굳은 악수로 작별을 한 뒤에 올봄까지 오고 간 편지가 조그만 손가방으로 하나는 가득 찼으리라.

그 후 한 사람은 고향인 한곡리로, 한 사람은 기독교청년회 연합회 농촌사업부의 특파원격으로 경기 땅이지만 모든 문화 시설과는 완전히 격리된 청석골이란 두메 구석으로 내려가서 일터를 잡은 뒤에는 서로 만날 기회가 없었다. 한가히 찾아다닐 시간도, 여비까지도 없었거니와 피차에 사업의 기초가 어느 정도까지 잡히기 전에는 만나지 말자는 언약도 있었던 것이다.

그러나 그 대신 삼 전짜리 우표가 두 장 혹은 석 장씩 붙은 편지가 일주일에 한 번, 열흘에 한 번씩은 거르지 않고 내왕을 하였다.

그 편지의 내용이란 젊은 남녀 간에 흔히 있는 달콤한 사랑을 속삭인 것이 아니라 순전히 사업 보고요, 의견 교환이요, 또는 실제 운동의 고심담이었다. 서로 눈을 감고 앉았어도 한곡리와 청석골의 형편과 무슨 일을 어떻게 해 나가는 것이며 심지어 틈틈이 무슨 책을 읽고 어떠한 느낌을 받았다는 등, 머릿속까지 환하게 들여다보이도록 적어 보냈고 적혀 오고 하였다.

그러면서도 피차에 사사로운 생활이나 신변에 관한 일은 단 한 줄도 비치지 않았다. 그러던 터에 오늘은 편지를 뜯어보고 동혁은 적잖이 놀랐다.

……

건강에는 자신이 있었건만 그 동안 과로한 탓인지 몸이 매우 쇠약해졌어요. 더 참다가는 큰 병이 날 것만 같은데요. 단 며칠 동안이나마 쉬고는 싶어도 성한 때와 달라 어머니한테로 가기는 싫고요, 잠시 쉬는 동안이라도 무의미하게 시간을 보내고 싶지는 않습니다. 그래서 생각다 못해, 동혁 씨가 계신 한곡리로 가서 얼마 동안 바닷바람이나 쐬다가 올까 합니다. 백문이 불여일견이라고, 당신이 착수하신 사업을 직접 보고(결단코 시찰은 아니지만……) 많이 배워 가지고 오려고 합니다. 꼭 친히 뵙고 의논할 일도 있고요, 겸사겸사 가고 싶은데 과히 방해나 되지 않으실는지요. 가면은 이 편지를 받으시는 다음다음 날(화요일) 아침, 그 곳에 도착할 예정입니다.

동혁은 흐릿한 등잔 밑에서 눈을 꿈벅꿈벅하며 몇 번이나 편지를 내리읽고 치읽고 하였다.

'그다지 튼튼허던 사람이 얼마나 고생을 했길래 큰 병이 날 것 같다구 했을까? 대관절 꼭 친히 의논하겠다는 일이란 무엇일까? 오는 거야 반갑지만 도대체 무엇을 보여 주나? 무슨 일을 했다고 그 동안의 보고를 한단 말인가?'

이러한 의문과 걱정이 쥐가 쥐꼬리를 물듯이 줄달아 일어났다. 더구나,

'정양을 하러 오는 사람이, 당정 거처헐 데가 없으니 어떡허나.'
하는 것이 당면한 큰 문제다. 동혁은 가슴이 설레면서도 갑갑증이 나는데, 동화의 코고는 소리가 시끄러워서 마당으로 나왔다.

감나무 가지에 낫 같은 초승달이 걸린 것을 쳐다보면서 이런 생각 저런 궁리를 하다가,

'참, 벌써 회원이 다들 모였겠네.'
하고 다시 안으로 들어가, 전번 일요일에 모였을 때의 회록과 오늘 저녁에 여러 사람에게 들려줄 이야기를 초잡아 놓은 공책을 꺼내 가지고 나와서 작은 마을 건배네 집 편으로 걸었다.

아직 여럿이 모일 장소가 없어서 김건배라는 동지의 집 머슴방을 빌려서 야학당 겸 농우회의 회관으로 쓰는 중이다.

이번 일요회에는 입에 침들이 마르게 가물어서 큰일이 났다는 걱정들만 하다가 진종일 고역에 너무 지쳐서 꾸벅꾸벅 졸고 있는 회원이 태반이나 되었다. 그래서 동혁은,

"내일두 비가 안 오건, 우리 샘물을 길어다 퍼붓드래두 공동답에만은 못자리를 내두룩 허세."
하고 일찌감치 헤어지게 하였다. 집께까지 다 와서 축동 앞 다박솔 밑에 가 주먹으로 턱을 괴고 앉아서 한참 동안이나 으스름한 달빛을 우러러보다가,

'달무리를 허니 인제나 비가 좀 오려나.'
하고 일어섰다. 제 그림자를 기다랗게 끌며 집으로 돌아오자니 간담회 석상에서 처음 만나던 때와, 악박골서 둘이 함께 밝히던 정열과 감격에 끓어넘치던 그날 밤의 모든 정경이 바로 어제런 듯 머릿속에 떠오른다. 그는 영신이가 보고 싶었다. 불현듯이 보고 싶었다. 이틀 동안을 기다리기가 한 이태나 되는 듯이……

"이게 무슨 소리야?"

밤중에 동혁은 별안간 이불을 걷어차며 일어났다. 몸이 실실이 풀리는 듯 피곤해서 턱 쓰러지기만 하면 금방 잠이 들 것 같건만 영신을 만날 생각과, 시골은 도회지와 달라 남의 일에도 말썽이 많은데 미혼 처녀가 늙은 총각을 찾아오면 근처 청년들의 지도자로 신망을 한몸에 모으고 모든 일에 몸소 모범이 되어야 할 처지에 있는 저로서, 일동일정에 주목을 받을 터이니, 그것도 적잖이 거북한 노릇이다. 생각이 옥신각신하다가 잠이 어렴풋하게 들었건만 강제로 마취를 당한 듯도 하고 꺼져 가는 등잔불처럼 의식이 꿈벅꿈벅하는 판인데, 뜻밖에 이상한 소리가 들렸던 것이다.

그저 저녁도 안 먹고 자는 동화의 거친 숨소리에 섞여, 누에가 뽕잎을 써는 것처럼 부시럭부시럭하는 소리가 간간이 머리맡에서 들렸다. 처음에는,

'이게 무슨 소릴까?'

하고 속으로 중얼거리면서 들창 앞으로 다가앉으며 창밖으로 귀를 기울였다. 이번에는,

"뚜──ㄱ, 뚜──ㄱ, 후두둑후두둑!"

개초를 그저 못해서 뒤꼍 헛간에 묶어서 세워 놓은 짚단과 수수깡 사이에서, 잊어버릴 만큼이나 오랫동안 듣지 못하던 소리가 점점 크게 점점 똑똑하게 잦은 가락으로 들린다.

바람이 일어 청솔가지로 둘러싼 산울을 우수수우수수 흔들다가, 덧문 창호지에 굵은 모래를 끼얹는 듯이 휘뿌리는 것은 틀림없는 빗소리가 아닌가.

"오오, 빗소리!"

동혁은 덧문을 밀쳤다. 습기를 축축이 머금은 밤바람이 방 안으로 휘

몰아들자, 자던 얼굴에 방울방울 부딪치는 찬 빗방울의 감촉! 동혁은 정신이 번쩍 들었다.

"애 동화야, 비가 온다. 비가 와!"

형은 반가운 김에 아우의 어깨를 잡아 흔들었다. 동화는,

"응?"

하고 깜짝 놀라 일어나서, 두 주먹으로 눈등을 비비더니,

"아, 정말 비가 오우?"

하고 바깥을 내다본다. 시꺼먼 구름이 잔뜩 끼어, 별 하나 찾을 수 없는 하늘을 쳐다보다가,

"제엔장, 인제야 온담."

하고 볼멘소리를 하고는 목소리를 낮추어,

"나 아까 주정했수?"

하고 형의 얼굴을 바로 쳐다보지 못한다.

형은 부드러운 목소리로,

"어서 더 자거라. 이담버텀 챙기면 고만이지……. 다 형의 잘못이다."

하고 문을 닫는다. 그러다가 아우가 엎드리며 머리맡을 더듬으니까 얼핏 자리끼 사발을 집어서 입에 대어 준다. 동화는 한창 조갈이 심하게 났던 판이라, 목을 늘이고 숭늉 한 사발을 벌떡벌떡 들이켜고는 다시 쓰러진다.

비는 제법 장마 때처럼 주룩주룩 쏟아지기 시작한다. 동혁은 일종의 신비감을 느끼어 노래라도 한 마디 부르고 싶었다. 십년 만에 만나는 친구의 음성인들 이 빗소리보다 더 반가우랴. 흉년이 들겠다고 벌써부터 쌀금·보릿금이 오르고, 초목의 새싹이 지지리 타들어 가도록 온갖 생물이 목말라하던 대지 위에 뚝뚝 떨어지는 빗방울 소리와 그 비를 휘몰고 들어오는 선들바람의 교향악, 그것은 오직 하늘의 처분만 바라고

사는 농민의 귀에라야 각별히 반갑게 들리는 소리다.

안방에서는 늙은 양주도 잠이 깨었는지 이야기하는 소리가 두런두런 한다.

동혁은 창밖으로 팔을 내밀고 천금을 주고도 그 한 방울 살 수 없는 생명수를 손바닥에 받아 본다. 자리옷을 활활 벗어 버리고 뛰어나가서 그 비에 온몸을 골고루 적시다가 땅 위에 디굴디굴 구르고 싶은 충동을 느꼈다.

동혁은 아우가 감기나 들까 보아 다시 문을 닫았다. 바람은 파도 소리처럼 쏴아쏴아 하고 머리맡에서 뒤설렌다. 논배미마다 단물이 흥건히 괴고, 보리밭, 원두밭이 시꺼매지도록 빗물이 흠씬 배어 들어갈 것을 상상하면서도,

'이 우중에 영신이가 어떻게 오나. 내일까지만 실컷 오구 말았으면……'

하다가 스스로 잠이 들었다.

이튿날도 비는 끊임없이 왔다. 동혁은 도롱이를 쓰고 살포를 짚고 나가서, 논의 물꼬를 보고 들어왔다. 점심 뒤에는 신문지를 말끔 몰아 가지고 집에서 한 삼 마장이나 되는 바닷가로 나왔다.

해변에서 새우를 잡아 말리고, 준치나 숭어를 잡는 철이 되면 막살이를 나오는 술장수에게 빌려 주는 오막살이의 방 한 칸을 빌렸다.

아들은 젓잡이를 하러 나가고, 늙은 마누라와 며느리만 집을 지키고 있어서 대낮에도 노젓는 소리와 간간이 뱃노래 소리밖에는 들리는 것이 없어 여간 조용하지가 않다.

동혁은 주인 마누라에게 풀을 쑤어 달래서 신문지로 흙방을 바르고 기직을 구해다가 방바닥에 깔고 하느라고 비에 젖은 하루 해를 보냈다.

"어떤 손님이 오시길래 이렇게 손수 방치장을 허우? 그만허면 신방두

꾸미겠네."

하고 주인 마누라는 안질이 나서 짓무른 눈을 꿈적이며 두 번 세 번 묻는다. 동혁은,

"오는 사람을 보면 알 걸, 뭐 그렇게 궁금허우."

하고는 손님이 묵고 있는 동안 밥까지 지어 달라고 부탁을 하였다. 집에는 거처할 방도 없거니와 거의 하루 한 번씩은 입버릇처럼 장가를 들라고 성화를 하는 부모가 어떻게 알는지도 몰라서 일테면 사처를 잡은 것이다.

저녁 뒤에 동혁은, 가장 무관하게 지내고 또 영신을 오래 소개해 온 건배와 정득이, 갑산이, 칠룡이 같은 농우회원들을 찾아다니며 채영신이가 내일 아침에 온다는 소식을 전하였다. 동혁은 단독으로 영신을 맞아들이고 싶지 않았던 것이다. 건배는,

"흥, 인제야 자네가 몽달귀신을 면허나 보이. 앞으로 다섯 해 안에 결혼을 안헌다구 장담을 하더니 허는 수 있나, 지남철 기운에 끌려오는걸."

하고 연방 동혁을 놀려 댄다. 동혁은 변색을 하며,

"여보게, 그게 무슨 가당치 않은 소린가. 아예 그런 말은 입 밖에두 내지 말게. 동지와 애인을 구별 못하는 낸 줄 아나?"

하고 건배의 험구를 틀어막았다.

이튿날은 이슬 같은 보슬비로 변하였다. 앞논과 뒷개울에서는 개구리가 제철을 만난 듯이 운다. 밤새도록 울고도 지칠 줄을 몰라서 대합조개 껍데기를 마주 비비는 듯 와글와글하는 소리가 시끄러울 지경이다.

이른 아침 동혁은 찢어진 지우산을 숙여 쓰고 큰덕미로 갔다. 쇠대갈산 등성이 위에 올라 머리를 드니 구름과 안개에 싸인 바다가 눈앞에 훤하게 터진다. 무엇에 짓눌렸던 가슴이 두 쪽으로 쩍 뻐개지는 것 같

은 통쾌감과 함께, 동혁은 앞으로 안기는 시원한 바람을 폐량껏 들이마
셨다가 후우 하고 토해 내고는 휘파람을 불며 나루께로 내려갔다.

큰덕미라는 곳은 하루 한 번 똑딱이(석유 발동선)가 와 닿는 조그만 포
구로, 주막 몇 집과 미루나무만 엉성하게 선 나루터다.

고무신 운두가 넘도록 발이 진흙에 푹푹 빠져 동혁은 신바닥을 모래
에다 비비며, 비에 젖은 바윗돌 위에 가 털퍼덕 주저앉아서 물참이 되
기만 기다리는데,

"여보게 동혁이……."

귀에 익은 목소리가 등 뒤에서 들렸다.

동혁은 소리나는 편을 돌아보며,

"건밴가? 어서 오게……."

하고 손짓을 하였다. 가마솥 뚜껑만한 농립을 쓰고 육척 장신에 밀짚

도롱이를 껑충하게 두르고서 휘적휘적 오는 걸음걸이만 보아도 틀림없는 건배였다. 그 뒤에는 정득이, 갑산이, 칠룡이, 석돌이, 또 동화까지 누구누구 할 것 없이 농우회의 회원들이 유지로 만든 우장을 하고, 그것도 없는 사람은 부대쪽을 두르고 칠팔 명이나 주렁주렁 따라온다. 그네들이 가까이 오자,

"자네들 미안허이그려."

하고 무심코 한 말이언만,

"자네가 우리더러 미안허달 게 뭐 있나? 그야말루 진날 개사위 꼴을 허구 나왔어두 자네 장가드는 데 배행 나온 셈만 치면 좋지 않은가?"

건배는 동혁의 말을 얼른 채뜨려 가지고, 이번에는 빗대어 놓고 놀려 댄다.

"아따 이 사람, 또 그런 소릴……."

하고 동혁은 눈을 슬쩍 흘기면서도 어쩐지 건배의 놀리는 말이 그다지 듣기 싫지는 않았다.

바람결에 통통통통하는 소리가 바위에 철썩철썩 부딪치는 파도 소리에 섞여 차츰차츰 가까이 들려왔다. 조금 있자,

"뛰잇!"

새된 기적 소리는 동혁의 가슴속까지 찌르르하도록 울렸다.

이윽고 파아란 페인트칠을 한 똑딱이가 선체를 들까불며 들어온다. 갑판 위에서 손수건을 흔드는 흰 저고리에 검정 치마가 보인다. 동혁은 손을 높직이 들며 허공을 저었다.

조그만 거루는 선객과 짐을 받아 싣고 선창으로 들어와 닿았다. 동혁은 반가운 웃음을 얼굴 가득히 담고 영신의 손을 잡아 뭍으로 끌어올렸다.

"이번 비 참 잘 왔죠?"

한 마디가 첫 번에 하는 영신의 인사였다.

"잘 오구말구요. 그래 그 동안 얼마나 고생을 허셨어요?"

하며 동혁은 영신의 얼굴빛을 살핀다. 상상하던 것보다는 나아도, 어글어글하던 눈이 전보다 더 커다래 보이는 것은 그 복성스럽던 얼굴의 살이 그만큼 빠진 탓인 듯. 그러나 반가운 김에 상기가 되어 그런지 혈색은 그다지 나쁘지 않은 것을 보고 우선 안심을 하였다.

"그거 내 들어다 드릴까요?"

"아아니, 괜찮아요."

"글쎄 이리 주세요."

"이 속엔 비밀 주머니가 들어서 안 돼요."

바스켓 하나를 가지고, 네가 들리 내가 들리 승강이다.

'고집이 여전허군.'

하면서 동혁은 우산을 받쳐 주며 나란히 서서 주막 앞까지 와서,

"참, 인사들 허시지요. 편지루 아셨겠지만 같이 일하는 동지들인데……."

하고는,

"이 키 큰 친구는 건배 군이구요."

하고 건배를 위시하여 인사를 시킨다.

"감사합니다, 비 오는데 이렇게 나와 주셔서……."

영신은 활발히 손을 내밀고, 서양 여자처럼 차례차례 악수를 한다. 여러 청년들은 입 속으로 간신히 제 이름을 대면서 계집애처럼 얼굴들을 붉혔다. 피차에 악수를 교환한 것이 아니라 얼떨결에 생후 처음으로 젊은 여자에게 악수를 당한 셈이었다.

두 사람이 앞장을 서고, 여러 청년은 그 뒤를 따라온다.

"허어 이거, 정말 우리가 별배 노릇을 허는군."

"여보게 말 말게. 손을 어떻게 쥐구 잡어 흔드는지 하마터면 아얏 소리를 지를 뻔했네."

하고 뒷공론을 하는 소리가 동혁의 귀에까지 들려서 픽 하고 혼자 웃었다.

신작로로 나오자 잠시 뜨음하던 빗발이 다시 뿌리기 시작한다. 자갈도 깔지 않은 길바닥은 된풀을 이겨 놓은 것처럼 발을 옮겨 놓을 수가 없도록 끈적끈적하다.

영신은 미끄럼을 탈까 보아 길바닥을 들여다보며,

"이렇게 진데, 용허게들 나오셨군요."

하고 길가의 아카시아나무를 붙들고 신바닥에 붙어 달린 진흙을 문지르고는 언덕의 잔디를 이리저리 골라 딛는다.

어젯밤 비만 해도

보리에는 무던하다.
그만 갤 것이지
어이 이리 궂이 오노.
봄비는 차지다는데
질어 어이 왔는가.
비맞은 나뭇가지
새 움이 **뾰죽뾰죽.**
잔디 속잎이
파릇파릇 윤이 난다.
자네도 그 비를 맞아서
정이 치나 자랐네.

　이런 때 이런 경우에 동혁이가 시를 좋아하는 사람이었다면 '비맞고 찾아온 벗에게'라는, 조운의 시조 두 장을 가만히 입속으로 읊었으리라.
　영신은 바라던 대로 바닷가 한가한 집에서 편안히 쉴 수가 있었다. 동혁이가 신문지로나마 도배를 말끔히 하고 자리까지 새것을 깔아 놓고 저를 기다려 준 데는 무어라고 말이 나오지 않을 만큼 고마웠다. 더구나 농우회원들은 비를 맞으며, 갯고랑으로 나가서 낙지를 캐어 오는 사람에, 손그물을 쳐서 새우를 잡아 오는 사람에 대접이 융숭하다. 그것도 못하는 사람은 이제야 고춧잎만한 시금치를 솎아 가지고 와서 몰래 주인 마누라를 주고 간다.
　"경치두 좋지만, 우리 청석골버덤 인심두 여간 후하지 않구요."
하고 영신은 너무 미안해서 몸 둘 곳을 모른다. 회원들은 선생으로 숭앙하는 동혁이와 가장 뜻이 맞는 동지요, 또는 공부도 많이 했지만, 농촌 사업을 헌신적으로 하는 여자라니까(실상 그네들은 십여 리 밖에 있는 보통학교 여훈도밖에는 신여성과 대해 본 경험이 없다.) 여기까지 찾아온 것이 무슨 까닭이 있는 줄로 짐작을 하는 눈치면서도 자기네 힘껏은 대접을 하는 것이다.

그 중에도 어느 사립학교 교원으로 있을 때 ○○사건에 앞잡이 노릇을 하다가, 이태 동안이나 콩밥을 먹고 나온 경력이 있는 건배는 남의 일이라면 발을 벗고 나선다. 주선성이 있어서 한 동리에서 무슨 일이 생기면 농우회의 선전부장격으로 진일 마른일 가리지 않고 뛰어다니며 활동을 하지 않고는 견디지 못하는 사람이다. 그는 동혁이보다도 몇 해나 먼저 야학을 개설한 선각자로, 동혁이와는 어려서 싸움도 많이 하였지만 뜻이 맞는 막역한 동지였다. 그는 무슨 여왕이나 모셔다 놓은 것처럼 수선을 부리며 돌아다닌다. 그 멋없이 큰 키를 바람에 불리는 바지랑대처럼 내젓고 돌아다니며 광고를 하여서, 여학생이 동혁이를 찾아왔다는 소문이 하루 동안에 동네에 파다하게 돌았다.

"그게 누구야, 응? 그 여학생이 누구야? 어디 나두 좀 보자꾸나."

며느리를 못 보아 상성이 난 어머니는, 꼬부랑거리고 아들의 뒤를 쫓아다니며 성화를 받친다. 박 첨지도 마누라를 염탐꾼처럼 놓아서 며느릿감(?)을 보고 오라고 넌지시 이르기까지 한다. 동혁은,

"글쎄 얼투당투 않은 말씀은 입 밖에두 내지 마세요. 신병이 있어서 잠깐 휴양두 헐 겸 우리들이 일허는 걸 보러 온 여자라니까요."

하고 골까지 내었다. 그럴 때는 동화가 형의 편을 들어서 제가 무슨 속중이나 아는 듯이 그렇지 않다는 변명을 해 준다.

이래저래 동혁은 오던 날 하루는 여러 회원들과 얼려 다니며 영신을 대접하고 일부러 단둘이 앉을 기회는 피하였다. 한편으로는 몸도 쇠약해진데다가 밤배를 타고 우중에 시달려 온 사람을 붙잡고 길게 이야기를 하기도 안되어서, 마음을 턱 놓고 쉬도록 하고 싶었던 것이다.

저녁 뒤에 건배는,

"이 사람, 그이가 귀양살이를 왔단 말인가? 혼자 적적해헐 테니, 우리 가서 청석골서 활동허는 얘기나 듣구 오세."

하고는 회원들을 끌고 가서 저 혼자 한바탕 떠들다가 돌아왔다.

영신은 그 동안 동혁이가 내려와서 한 일과 계속해서 하는 일이며 동네 형편까지도 '선전부장'인 건배의 입을 통해서 자세히 들을 수가 있었다. 그러나 영신은,

'저이가 원체 묵중하겐 생겼지만, 내가 누굴 찾아왔다고, 저렇게 뚱웅하니 앉았다가, 다른 사람보다도 앞을 서서 갈까?'

하고 동혁의 태도가 섭섭할 지경이었다.

비는 그치고 바닷가의 밤은 깊어 갔다. 영신은 공연히 마음이 가라앉지 않아서 잠을 청하느라고 조그만 등잔 밑에서, 공부 삼아 볼까 하고 가지고 온 잡지의 농촌문제 특집호를 뒤적거리고 누웠다. 모래 사장을 찰싹찰싹 가벼이 두드리는 파도 소리를 베개 삼고서…….

그 때에 창밖에 나직한 목소리가 들렸다.

"고만 주무시지요. 고단허실 텐데……."

하는 것은 틀림없는 동혁의 목소리였다. 그는 집으로 가다가 다시 돌아나와서 홀로 해변을 거닐며 영신의 신변을 지키고 있었던 것이다.

"네, 자겠어요. 난 벌써 가셨다구요."

하고 영신이가 반가이 일어나 문을 열려니까,

"문고리를 꼭 걸구 주무세요."

한 마디를 남긴 뒤에, 동혁의 그림자는 어둠 속으로 사라졌다.

기상나팔

비는 또다시 이틀 동안을 질금질금 오다가, 씻은 듯 부신 듯이 개고 날이 번쩍 들었다. 보리 해갈이나 바라던 것이 장마 때처럼 원둑이 넘치도록 흐뭇하게 와서 초목이란 초목, 생물이란 생물이 온통 죽음에서 소생한 듯, 청신한 공기가 천지에 가득 찼다.

이른 아침 물 속에서 닦여 나온 듯이 선명한 태양이, 바다 저편에 봉긋이 솟아오를 때, 동리 한복판의 두 아름이나 되는 은행나무가 선 언덕 위에서 나팔 소리가 들린다.

    도또 도또 미또 도또
    쏠도 도미도——
    밈미 밈미 쏠미 쏠미
    도미 쏠쏠 도——

새된 기상 나팔 소리는 황금빛 햇살이 퍼지듯이 비 뒤의 티끌 하나 없는 공기를 찢으며, 온 동리의 구석구석에 퍼진다.

배춧빛 노동복을 입은 청년들이 여기저기서 납작한 초가집을 뛰어나오더니 언덕 위로 치닫는다.

나팔 소리가 난 지 오 분쯤 되어 그들의 운동장인 잔디밭에는 중년,

청년, 소년 할 것 없이 한 오십여 명이나 되는 조기회원들이 그득히 모여 섰다.

학교에서 군사 교련을 받을 때에 곡호수였던 동혁은 힘차게 불던 나팔을 놓고 앞으로 나섰다.

"차렷!"

"우로 나라닛!"

우렁찬 호령 소리에 따라 회원들은 이열로 벌려 선다.

"하낫, 둘, 셋, 넷!"

"둘, 둘, 셋, 넷!"

정말 체조가 시작되는 것이다.

동혁이가 서울서 강습을 해 가지고 시작한 뒤에 이 체조를 금년까지 줄곧 계속해 왔다. 바지저고리를 퉁퉁히 입은 낫살이나 먹은 사람과 나팔 소리에 어깻바람이 나서 모여든 아이들은 다 각각 제멋대로 팔다리를 놀려서 보기에 어색하고 우습기도 하다. 그러나 호랑이라도 두드려 잡음직한 한창 기운의 청년들이 동시에 목청껏 내지르는 고함은 조금 허풍을 친다면 앞산이라도 물러앉을 듯이 기운차다.

십오 분 동안에 체조를 마치고 동녘 하늘을 향해서 산천의 정기를 다 마셔 들일 듯이 심호흡을 한 뒤에 청년들은 동그랗게 원을 그리고 서로 손을 잡고 둘러섰다.

이번에는 건배가 한가운데 가 우뚝 나서며,

"자, 애향가를 부릅시다!"

하고 뽕나무 막대기를 지휘봉 대신으로 내젓기 시작한다. 이 노래는 동혁이와 건배의 합작으로 청년들의 정신을 통일시키고 활기를 돋우기 위해서 아침마다 체조가 끝나면 부르는 것이다.

그러나 그 곡조는 너무나 애성적이라고 템포를 빠르게 해서 짧고 쾌

활하게 부른다.

    건배의 두 팔이 올랐다가 허공을 힘있게 가르자, 청년들은 정중한 태도로 애향가를 부르기 시작한다.

    1. ××만과 ××산이
       마르고 닳도록
       정들고 아름다운
       우리 한곡 만세!
       (후렴) 비바람이 험궂고
       물결은 사나워도
       피와 땀을 흘려 가며
       우리 고향 지키세!

    2. 우리들은 가난하고
       힘은 아직 약하나
       송백같이 청청하고
       바위처럼 버티네!

    첫 절과 같이 후렴까지 부른 뒤에,
    "자, 삼—절!"
하고 건배는 더한층 힘차게 팔을 내젓는다.

    3. 한 줌 흙도 움켜쥐고
       놓치지 말아라
       이 목숨이 끊기도록

북돋우며 나가세!

날마다 한 번씩 부르는 노래언만, 이 노래를 지은 사람이나 받아서 합창을 하는 청년들은 아침마다 새로운 흥분을 느낀다, 얼굴에 혈조를 띠고 목에 힘줄을 세우며 부르고 난 뒤에도 한참 동안이나 묵묵히 서 있었다.

오늘 아침에 은행나무에 몸을 반쯤 가리고 서서 이 노래를 듣다가 감격에 흐느끼는 여자가 있었다.

그는 영신이었다.

조기회가 파하기 전에 동혁은,

"자, 아침 뒤에 우리 공동답 못자리를 만드세. 한 사람두 빠지면 안 되네."

하고 여러 회원들에게 일렀다. 건배와 동화는 몇몇 회원과 함께 영신이가 홀로 서 있는 언덕 위로 올라갔다. 회원들은,

"일찍 일어나셨군요?"

"안녕히 주무셨습니까?"

"춥지나 않으셨에요?"

하고 번차례로 인사를 한다. 영신은 머리만 숙여 답례를 하고, 그 말에는 얼른 대답을 못한다. 아침 볕을 눈이 부시도록 온몸에 받으며, 눈물 흔적을 보이지 않으려고 바다 저편을 바라다보고 섰었기 때문이다. 그는 조금 뒤에야,

"나팔 소릴 듣구 뛰어 올라왔어요."

하고 같이 운동을 하고 나서 혈색 좋은 여러 사람의 얼굴을 둘러본다.

"미상불 그 노래 잘 지었지요? 답답헌 때 한바탕 부르구 나면 속이 후련하거든요."

건배의 넓적한 얼굴이 싱글벙글한다.

"저 사람은 구렝이 제 몸 추듯 그저 제 자랑을 못해서…… 그만 게 무슨 자랑인가?"

하고 동혁은 핀잔을 준다. 건배는,

"그럼 다른 건 몰라두, 청석골에 애향가 같은 노래를 부르는 조기회야 있겠나?"

하고 미소를 띤 영신의 얼굴을 슬쩍 흘겨본다.

"우린 아침마다 기도회가 있어요. 찬송가두 부르구요. 촌 여자들이 제각기 작곡을 해 가며 부르는 찬미야말루 들을 만허죠."

하고 영신은 앞을 서서 언덕을 내려오는데, 건배가 동혁의 옆구리를 쿡 찌르며 무어라 귓속말을 하더니,

"채 선생, 조반은 우리 집에 가서 잡수십시다."

하고는 앞장을 서서 휘적휘적 내려선다. 영신은 처음에는 사양을 하다가,

"고맙습니다."

하고 동혁이와 나란히 서서, 풀밭의 아침 이슬을 밟으며 내려온다.

형의 뒤를 따르던 동화는 다른 동지들을 어깨로 떠밀며,

"여보게, 우리들은 빠질 차례세."

하고는 저의 집 쪽으로 불평스러이 발꿈치를 홱 돌린다. 건배는 영신을 돌아다보며,

"우리 집 여편넨요, 보통학교 하나는 명색 졸업이라구 해서, 아주 맹무니는 아니지요. 농촌운동이 어떤 거라구 일러주면 말귀는 어둡지 않아서, 곧잘 알어듣거든요. 허지만 새끼를 셋이나 연거푸 쏟아 놓더니 인젠 쭈구렁 바가지가 됐어요."

하고 슬그머니 여편네 칭찬을 한다.

"저 사람은 마누라 자랑을 못하면 몸살이 나는 거야."

동혁이가 또 놀리니까 건배는,

"흥, 자네 같은 엿장수(늙은 총각이라는 뜻)가 뭘 안다구 말참견인가?"
하고 영신을 돌아다보면서,

"저 사람 혼인 국수를 얻어먹으려다가 허기가 져서 죽겠어요."
하고 나서 동혁에게 눈 하나를 찌긋해 보인다. 동혁은,

"에이 이 사람!"
하고 호령이나 하는 듯한 표정을 지으며 건배를 노려본다. 건배는 납작한 토담집 앞까지 와서,

"이게 명색 우리 집인데요, 나 같은 김부귀(키 크기로 유명한 사람) 사촌쯤 되는 사람은 이마받이 허기가 똑 알맞지요. 허지만 나물 먹고 물 마시고 팔을 비고 누웠어도 낙이 다 게 있구, 게 있거든요."
하더니 미리부터 허리를 구부리고 집 속으로 기어 들어간다.

두 사람은 아침 짓는 연기가 서리어 오르는 굴뚝 곁에서 서성거리며,

"저 사람두 겉으로는 저렇게 버티지만 생활이 말씀 아녀요. 교원 노릇 하다가 쫓겨난 뒤에 화가 난다구 만주로, 시베리아로 돌아댕기며 바람을 잡느라고 논마지기나 좋아하던 걸 말끔 팔어 없앴는데, 냉수를 먹구 이를 쑤시면서두 궁헌 소리 당최 안허거든요."

"산전수전 다 겪어서 속이 탁 터진 게지요. 아무튼 미안한데요."
하는데, 젖먹이를 들쳐업은 건배의 아내가 행주치마에 손을 문지르며 나오더니,

"어서 들어오세요. 이 누추헌 집엘 귀한 손님이 어떻게 들어오시나."
하고 친정붙이나 되는 것처럼 영신을 반가이 맞아들인다. 고생살이에 찌든 그의 얼굴에는 잣다란 주름살이 수없이 잡혔고, 검불을 뒤집어쓰고 불을 때다가 나와서 머리는 부스스하게 일어섰는데, 남편만 못지않

게 너름새가 좋다.

　"온 천만의 말씀을 다 하세요. 이렇게 불시에 와 뵙게 돼서 여간 미안치가 않은데요."

하고 영신이가 마악 싸리문 안으로 들어서는데 별안간 건배가 미쳐난 사람처럼 작대기를 휘두르며 뛰어나온다.

　건배가 놓여 나간 닭을 잡으려고 작대기를 들고 논틀 밭틀로 껑충껑충 뛰어다니는 광경을 혼자 보기 아까웠다. 그는 닭을 잡아 가지고 헐레벌떡거리며 들어오더니,

　"이거, 우리 아버지가 제사 때 잡으려는 씨암탉인데, 우리가 청석골 가면 송아지 한 마리는 잡으셔야 합니다. 이게 미끼니까……."

하고 생색을 내고 나서, 푸덕거리는 대로 흰 털을 풍기는 닭의 모가지를 바짝 비틀어 부엌 바닥에다 던지고는 손을 탁탁 털며 방으로 들어온다.

　수란을 뜨고 닭고기를 볶고 하여서 세 사람은 아침을 맛있게 먹었다. 사실 영신은 상일까지도 힘에 부치도록 했거니와 돈 한푼이라도 적게 쓰려고 지나치게 악의악식을 하고 지냈다. 그래서 한창 나이에 영양이 대단히 부족되어 건강을 상한 것이었다.

　영신은 밥상으로 달려드는 두 어린것에게 닭의 다리를 하나씩 물려주고는,

　"오늘은 내 생일인가 봐요."

하고 잠시 고향의 어머니 생각을 하였다.

　"고만 이리 들어오세요. 어서요."

하고 영신은 건배의 아내를 자꾸만 끌어들이려고 하건만 그는 동혁이가 스스러운지,

　"부엌 시중을 할 사람이 있어야죠."

하는 핑계로 들어오지를 않는다. 영신은 말머리를 돌려,

"그런데 공동답은 어떻게 허시는 거야요?"

하고 묻는다. 그 말에 선전부장이 잠자코 있을 리 없다.

"이 일 저 일 헐 거 없이 이 박군이 다 발설을 해서 실행해 오는 거지만, 저 너머 큰 마을 강 도사네 집 논 닷 마지기를 억지루 떼를 써서 도지루 얻었에요. 그래 우리 농우회원 열두 사람이 협력을 해서 작년버텀 짓는 게야요."

"그럼 추수허는 건 어떡허나요?"

"도지 닷 섬만 그 집에 치르구선 그 나머지는 우리가 농사를 잘 지어서 열 섬이 나든 열닷 섬이 나든 적립을 했다가, 다른 돈허구 보태서 우리의 회관을 꼭 지을 작정인데……."

"참 좋은 계획이로군요. 우리 청석골두 강습소 겸 공회당처럼 쓸 회관을 시급히 지어야 할 텐데 당최 예산이 서질 않아요. 지금 임시로 빌려 쓰는 예배당은 워낙 협착한데다가 주일날허구 삼일 날 저녁은 쓰질 못허니까, 여간 불편치가 않아서 이번에 좀 쉬었다가 가선, 억지루라도 집 한 채를 얽어 볼 작정이야요."

동혁은 구수한 보리밥 숭늉을 훌훌 마시고 앉았다가,

"회관을 짓는 게 그닥지 시급할 것 같진 않지만 회원들이 무시루 모여서 신문·잡지나 돌려보며 무슨 일이든지 서루 의논해 허려면 아무래도 집합헐 장소가 필요허겠어요. 야학만 해두 사철 한데서 헐 수는 없으니까요."

하고는 눈을 아래로 깔고 무엇인지 생각하더니,

"허지만 공동답을 짓거나 또는 이용조합을 만들어, 씨앗이나 일용품을 싸게 사다가 쓰거나, 허다못해 이발조합 같을 것을 만들고 우리가 술·담배를 끊고 그 절약한 돈을 저축하는 것은 반드시 회관 하나를 짓기 위한 게 아니지요."

"그럼 일테면 어느 비상시에 한몫 쓰실려는 건가요?"

"아니오. 우린 언제나 비상시를 당허구 있는 게니까 위선 조그만 일이래두 여러 사람이 한몸 한뜻이 돼서 직접 벗어부치구 나서서 일을 허는데, 정신적으로 통일을 얻고 또는 육체적으로 단련을 받으려는 데 있에요. 무엇버덤두 우리헌테 단결력이 부족허니까요. 제가끔 뿔뿔이 헤어져 눈앞에 뵈는 조그만 이익을 위해서 다투는 것버덤은 그렇게 팔다리를 따루따루 놀리질 말구서 너나헐것없이 한 몸뚱이루 딴딴히 뭉쳐서 그 뭉친 덩어리가 큼직허게 움직이는 것이 얼마나 위력이 있다는 것과, 모든 일에 능률이 올라가는 것과 또는 땀을 흘리면서두 유쾌허게 일할 수 있다는 것을 실지로 체험을 해서 그 이치를 자연히 터득허두룩 훈련을 시키려는 데 있에요. 조기회만 해두 그렇지요. 지금 동리 늙은이 축에선 밥지랄을 헌다구 여간 반대가 아닌데, 실상 진종일 그 괴로운 일을 허구두 먹을 것이 없어서 쩔쩔매는 우리들헌테는 영양분이 필요할지언정 정말 체조 같은 운동이 필요치는 않으니까요. 허지만 아침마다 떨어지지 않는 눈을 억지루 비비면서 은행나무 밑으로 치닫는 것은 일이 있으나 없으나 하루 한 번씩 깨끗한 정신으루 한 장소에 모이자는 거지요. 그 모인다는 것, 한 사람의 호령 아래에 여러 사람의 몸이 똑같이 움직이고 한맘 한뜻으로 애향가를 부르는 데서 우리가 살아 있다는 의식을 찾고 용기를 회복하려는 거예요."

동혁은, 고개만 끄덕이며 듣는 영신이의 얼굴에서 '나도 동감이야요.' 하는 표정을 보며 말 구절마다 힘을 들인다.

건배는 물론, 영신이도 매우 긴장한 태도로 무엇보다도 단결이 필요하다는 말을 되풀이하고 식전에 느낀 감상을 이야기하는데, 동화가 와서 문밖에서 헛기침을 칵칵하더니,

"성님, 회원들이 벌써 뫼서 기다리구 있수.".

하고 나오기를 재촉한다.

한 백 평쯤 되는 못자리에는 논둑이 찰찰 넘치도록 물이 잡혔다. 가벼운 아침 바람에 주름이 잡히는 잔물결을 헤치며 칠룡이는 쟁기를 꼬느고 소를 몰아 갈기를 시작한다. 못자리는 논은 적어도 한 열흘 전에 갈아 두어야 벼끝도 썩고 땅도 골라지는데 가뭄 때문에 이제야 갈게 된 것이다.

"이─러, 이눔의 소!"

"어디여, 쩌쩌쩌쩌!"

연골에 상일이 몸에 밴 칠룡이는 여자 손님이 논둑에 앉아서 내려다보는 바람에 연방 혀를 차 가면서 소 모는 소리를 멋지게 내뽑는다. 개량 보습이 논바닥을 무찌르고 나가는 대로 물과 함께 시꺼멓게 건흙이 솟아올랐다가는 한쪽으로 착착 엎친다.

"다른 일은 거진 다 숭내를 내겠는데, 안직 논 가는 건 서툴러서 저 사람들한테 숭을 잡히는걸요. 학교서 실습이라구 헐 때 어디 쟁기질이야 해 봤어야지요."

동혁은 논둑 위에서 치맛자락을 날리는 영신의 곁으로 오며 말을 건넨다. '선전부장'이 논을 다 갈기 전에는 아직 할 일이 별로 없는데도 넓적다리까지 걷어붙이고 공연히 흙탕물을 텀벙거리며 돌아다닌다. 흰 저고리에 검정 바지를 입었는데 아랫도리가 껑충한 것이 물고기를 찍으러 다니는 황새와 흡사하다. 영신은 그 꼴을 보고는 웃다가 손등으로 입을 가리고,

"남 허는 일이 보기엔 쉬운 것 같지만, 제가 실지루 해 보니까 사뭇 다르드군요. 청석골은 부인 친목계가 있는데요. 여편네들이 모두 나와서 벗어부치구 일을 허길래 남한테 지긴 싫어서 하루 종일 목화밭

을 매지 않았겠어요. 아 그랬드니만, 그 이튿날은 허리가 빳빳허구 오금이 떨어지질 않아서 꼼짝두 못했어요."

하면서 남들은 다 꿈지럭거리는데 저 혼자 구경을 하고 섰는 것을 매우 미안쩍게 여기는 눈치다.

"그러길래 힘드는 일을 허는 데두 저 사람네와 똑같이 헐 수 있도록 단련을 받아야만 하겠어요. 책상물림들이 상일에 잔뼈가 굵은 사람들처럼 그 세찬 일을 진종일 허구두 배겨낼 만치 되려면 첨엔 코피를 푹푹 쏟아야지요."

"그럼요. 그게 좀 어려운 노릇이야요? 서양선 소나 말이 허는 일을 우린 사람이 허니까요. 그럴수록 소위 우리 같은 지도 분자버팀 나서서 직접 일을 해야만 그게 모범이 돼서 남들이 따라오지요. 그러니까 우리는 정신적으로나 육체적으로나 잠시두 쉴 새가 없을 수밖에요."

하는데 눈앞에서 소머리를 돌리던 칠룡이가 종아리에서 커다란 거머리를 잡아 떼더니,

"이 경칠 놈이 거 벌써버팀 붙어당기나?"

하고 논두덕에다 힘껏 메어붙인다. 굵다란 지렁이가 기어올라가는듯 힘줄이 불뚝 솟은 종아리에는 검붉은 피가 줄줄 흘러내린다. 영신은 씻지도 않고 내버려두는 그 피를 바라보다가 서울 백 선생이 말쑥한 양장에 비단 양말을 신고 학교 실습장으로 나돌아다니던 것을 연상하였다. 파리라도 낙상을 할 듯이 매끈하던 그 종아리와 거머리에게 빨려 논물을 시뻘겋게 물들이는 칠룡의 종아리.

"그렇구말구요. 지도자라구 무슨 감독이나 십장처럼 힘든 일은 남에게 시키구서 뻔뻔스레 놀구 먹으라는 건 아니니까요. 남녀의 구별꺼정두 없이 다 함께 덤벼들어서 일을 해야지요."

영신은, 그제야 그전에 백씨의 집에서 들은 동혁의 말을 되풀이하듯

하였다. 그러나 오늘 이 경우에 있어서는 저 역시 피를 흘려 가며 일을 하는 사람들을 편히 앉아 바라다보는 처지에 있는 것을 생각하고 불안한 것뿐 아니라, 일종의 수치를 느끼며 일어섰다 앉았다 한다.

갈아 놓은 논바닥을 다시 써레로 썰고 여러 회원들이 덤벼들어서 잡아 놓은 물을 바가지로 혹은 두레질을 해서 퍼내느라니 거의 점심때가 되었다. 회원들은 우스운 소리를 해 가며 자못 유쾌한 듯 이 일을 하는데 그네들의 이마에는 구슬 같은 땀이 숭숭 내배었다. 동혁은 화가래 장치를 꼬느고, 건배는 키에 어울리지 않는 조그만 고무래를 들고 못자리판을 판판히 고르기 시작한다. 한편으로는 줄을 띄워서 한 판씩 갈라나간다. 나머지 회원들은 바소쿠리 지게에 거름을 지고 낑낑거리고 와서 펴는데, 퇴비 같은 거친 거름을 누르고 재 같은 몽근 거름은 손으로 내저어 골고루 편다. 그러고 나서 다시 죽가래로 쪼옥 고르게 번대질을 치는데, 건배의 아내가 점심을 이고 도랑을 건너오는 것이 보였다.

내리쬐는 오월의 태양 아래에, 숭늉을 담아 든 오지병이 눈이 부시도록 번쩍거린다.

시계도 없는데 점심때를 어떻게 그렇게 일제히 맞추는지, 건배의 아낙의 뒤를 따라 회원들의 사내동생들이며 누이동생들이 밥보자기를 들고 혹은 함지박을 이고, 한 군데서 모였다 나온 것처럼 주욱 열을 지어 언덕을 넘고 논둑을 건너온다.

"이를 어쩌나, 저고리가 다 젖었군요."

영신은 건배의 아낙이 이고 나온 묵직한 함지박을 받아 내려놓는다. 보자기를 열고 보니, 아침에 먹다 남긴 것인지 미역을 넣고 끓인 닭국에는 노란 기름이 동동 떴다. 건배의 밥은 보리반섞임인데, 새로 닦은 주발에 고슬고슬하게 피어 담은 영신의 밥은 외씨 같은 이밥이다.

"찬은 없지만, 들밥이 맛있길래 가지구 나왔어요."

하고 그는 밥보자기로 어깨에 흐른 국국물을 닦는다. 영신은 건배의 아낙을 붙잡고 점심을 같이 먹자고 하건만 그는 어린애를 볼 사람이 없다고 되짚어 돌아갔다.

"속이 궁해 죽겠는데, 우리 밥은 웬일이여?"

동화의 거센 목소리가 등 뒤에서 들렸다.

"참, 두 분 점심은 왜 그저 안 가져올까요?"

영신이가 돌아다보며 물으니까, 동화는,

"가져올 사람이 있어야죠."

한다. 그러자,

"애, 저어기 어머니가 오신다."

하고 동혁이가 손을 들어 멀리 축동 쪽을 가리킨다.

동화는 마주 가서 어머니의 머리에서 함지박을 받아 들고 뛰어왔다. 동혁의 어머니는,

"고만둬라, 고만둬. 내가 가지고 가마니깐……."

하고 아들 형제의 밥함지를 손수 들고 가겠다고 고집을 하다가, 숭늉병을 들고 작은아들의 뒤를 따라온다. 이런 계제에 아들을 찾아온 여학생을 먼발치로라도 보고 싶었던 것이다.

회원들은 웅덩이로 가서, 흙과 거름을 주무르던 손을 씻고 논두렁에 가 둘러앉아서 점심을 먹는다. 그들의 점심은 쌀을 양념처럼 둔 보리밥이나, 조가 반 넘어 섞인 덩어리를 짠지쪽과 고추장만으로 먹는다. 그중에서는 돌나물 김치에 마른 새우를 넣고 지짐이처럼 끓인 동혁이 형제의 반찬이 상찬이다.

"여보게들, 우리 합병을 허세."

새가 똥을 깔기고 간 것처럼 얼굴에 온통 흙이 튄 것도 모르는 건배

가 함지박을 들고 동혁에게로 간다.

　"참, 그러십시다요. 나 혼자 맛난 걸 먹으니까 넘어가질 않는걸요."

하고 영신은 밥을 따라 동혁의 형제의 곁으로 간다. 동혁은 커다란 숟가락으로 보리밥을 모를 지어서 푹푹 퍼넣다가,

　"왜 일 안허구 편하게 지내는 사람이라야만 기름진 걸 먹는, 그 쉬운
　이치 속을 모르세요?"

하고 껄껄껄 웃는다. 영신은 저를 빗대어 놓고 하는 말이 아닌 줄 알면서도 얼굴을 살짝 붉혔다.

　닭국 한 그릇을 들고 서로 권하느라고 이리 밀어 놓고 저리 밀어 놓고 하니까 아까부터 넘실거리고 있던 동화가,

　"그럼 이리 내슈. 먹는 죄는 없다우."

하고 뚝배기를 집어들고 돌아앉아 훌훌 마시더니, 건데기까지 두매 한 짝으로 건져 먹는다. 형은 어처구니가 없어서,

　"아무튼 비위는 좋다."

하고 아우의 턱밑의 어기적거리는 근육을 곁눈으로 본다. 영신은,

　"퍽 쾌활허시군요."

하고 웃어 보일 수밖에 없었다. 건배는 동화를 물끄러미 보다가,

　"참말 우리들의 먹는 거란 말씀이 아니지요. 그래두 오늘은 일을 헌
　다구 반찬이 좀 나은 셈인데요. 인제 보릿고개를 넘길려면 굴뚝에서
　연기가 못 나는 집이 겅숭 드뭇해요. 높은 고개는 올라갈수록 숨이
　가쁜 것처럼 이 앞으로 몇 달 동안이 한창 어려운 고비니까요."

하고 여러 사람의 밥 먹는 것을 돌아보면서,

　"우리 동리 사람들이 지내는 걸 보면 기막히지요. 몇십 리 밖에 나가
　서 품팔이를 허면 삯메기루 한대두 고작해서 삼십 오 전이나 사십 전
　을 받는데, 어둑어둑할 때꺼정 일을 하려면 허기가 지니까 막걸리라

두 한 사발 마셔야 견디지 않겠어요? 그러니 나머지 돈을 가지구는 수다 식구가 입에 풀칠두 허기가 어렵거든요. 나무 장사들두 허는데 남의 멧갓의 솔가지 한 개비래두 꺾다가 산림간수헌테 들키는 날이면, 불려가서 경치구 벌금을 무니까, 그나마 근년엔 못해 먹어요."

하는데, 동혁이가,

"여보게 궁상은 고만 떨게. 온, 밥이 체허겠네그려."

하고 숟가락을 놓더니,

"하지만 우리 농민들의 육체는 비타민 A가 어떠니 B가 어떠니 하는 현대의 영양학설은 당최 적용되지 않는데 그래두 곧잘 살거든요."

하고 입 속으로 몰래 양치질을 하는 영신을 쳐다본다. 영신은 눈을 깜박이더니,

"그렇구말구요. 칡뿌리를 캐거나 나무 껍질을 벳겨 먹구두 사는 수가 용허지요."

한다. 건배는 그 말을 받아,

"흥."

하고 코방귀를 뀌더니,

"그게 다른 게 아니라, 기적이거든."

하고 하늘을 우러러,

"헛허허허."

하고 허청웃음을 웃는다.

점심 뒤에 회원들은 잡담을 하며 잠시 쉬었다.

"이런 때 담배를 한 대 피웠으면 좋겠지만 이 박군이 단연회를 만든 뒤엔 식후의 제일미두 못 먹게 됐어요. 나버텀 생각은 간절헌데. 낫살이나 먹은 게 도둑담배야 피울 수가 있어야지요."

선전부장의 설명이 또 나온다.

"술두 다들 끊으셨다죠?"

영신의 묻는 말에 동화는 슬금슬금 꽁무니를 뺀다.

"술두 일금이에요. 내 의견 같아선 막걸리 같은 곡기 있는 술은 요기
도 되구, 취하지 않을 만치 흥분두 돼서 일두 훨씬 붇건만, 젊은 기운
이라 입에만 대면 어디 적당허게들 먹어야지요. 신작로가에 술집이
둘이나 되구 못된 계집들이 들어와서 젊은 사람의 풍기두 나뻐지길
래, 회원들은 당최 입에두 대지 않기루 했어요. 허지만 혼인이나 환갑
같은 때는 더러 밀주들을 해먹는 모양입니다."

하는데 동혁이가 뒤를 대어,

"내 아우 하나가 말을 안 듣구, 술만 먹으면 심술을 부려서 여러 회원
들한데 아주 면목이 없어요."

하고는 제 발이 저려서 피해 가는 아우의 등 뒤에다 대고 눈살을 찌푸
린다. 동혁은 말을 이어,

"회원들에게 조사를 시켜서 일 년의 지출액을 뽑아 보니까, 백 호도
못 되는 이 동리 술값이 거진 9백 원이나 되구요, 담뱃값이 5백 원이
나 되니 참말 엄청나지 않아요? 그래서 동회를 헐 때 자세헌 숫자까
지 들어서 이러다간 굶어 죽는다구 한바탕 격동을 시켰더니 늙은이만
빼놓군 거진 다 술을 끊겠다구 손을 들더군요. 허드니 웬걸 작심삼일
은커녕 그날 저녁두 못 참구 주막으로 간 사람들이 있었어요. 담배두
끊는다구 곰방대를 꺾어 버린 게 수십 개나 되더니만 차츰차츰 또들
태우길 시작허는데, 담뱃대가 없으니깐 궐련을 사 먹으니 안팎으로
손해지요. 우리 회원들만은 꼭 맹세를 지켜 왔지만……."

"그게 참말 큰 문젯거리야. 허지만 여자들허구 일을 허면 술·담배
를 모르니까, 그거 한 가진 좋드군요."

하는데,

"자, 그만들 일어나 보지."

하고 건배가 벌떡 일어선다.

"오늘 해 전으로 씨나락꺼정 다 뿌리나요?"

영신이도 일이나 하려고 들어가는 사람처럼 일어섰다. 건배는,

"아아뇨, 이제 죽가래루 판판허게스리 번대를 친 뒤에 새내끼를 다시 띄워 놓구서 하룻밤 하루낮을 됬다가, 수확이 많다는 은방주든지 요새 새로 장려허는 팔단 같은 걸 뿌리지요. 그러구 나설랑은 한 치쯤 자란 뒤에 물을 빼구서 못자리를 고른 뒤에 또 일주일쯤 됬다가 다시 물을 넣지 않겠에요. 그래야 뿌리가 붙거든요. 그 뒤엔 가끔 물꼬를 봐서 혀빼문 걸 뽑아 버리구선 거진 치닷분쯤 자란 뒤엔, 한 번 김을 매 주는데, 여기선 그걸 도사리를 잡는다구 허지요. 그런 뒤에 유산암모니아 같은 속효 비료를 주면 무럭무럭 자랄 게 아니에요? 논바닥이 시꺼멓게 되는 걸 봐서 그 때야 모를 내는데, 그 후에두 또 몇 차례 김을 매 주면 한가위엔 싯누렇게 익어서 축축 늘어진단 말이지요. 아, 그러면 낫을 시퍼렇게 갈어 가지구 덤벼들어 척척 후려서 묶어 세우군……."

하고 신이야 넋이야 배우처럼 형용까지 해 가며 주워섬기는데, 동혁은 듣다 못해서,

"여보게, 웬놈의 수다를 그렇게 늘어놓나? 저 사람은 입두 아프지 않은 게여."

하고 핀잔을 주듯 하고는 논으로 들어선다. 건배는 들은 체 만 체하고,

"아 그러구설랑 개상을 놓구 바심을 헌 뒤엔 방아를 찧어서 외씨 같은 하얀 쌀밥을 지어 놓구 통배추 김치에……."

하고 마른 침을 꿀떡 삼키는데 영신은 항복이나 하는 듯이 손을 들고,

"고만요 고만. 그만하면 다 알겠어요. 어쩌면 그렇게 입담이 좋으세

요?"

하고 호호호 웃으며 건배의 입을 막듯 하였다. 그래도 건배는,

　　"두구 보세요. 양석두 바라보지 못하던 이 논에서, 한 마지기에 넉 섬 추수는 무난히 허구 말 테니. 그만이나 해야 우리들이 땀을 흘린 티가 나거든요."

가만히 그대로 내버려 두면 얼마든지 더 지껄일 형세다.

　　"더군다나 농사는 이력이 있어야겠어요. 우린 아주 손방이지만……."

영신이가 대접상으로 한 마디를 해 주니까 건배는,

　　"아무렴, 그렇구말구요. 이력이 제일이지요."

하면서 수건으로 머리를 질끈 동이더니, 황새다리를 성큼성큼 떼어 놓으며 논으로 들어간다.

　　어느덧 곁두리 때가 되었다. 열두 회원들은 손이 맞아 거쩐거쩐 일을 해서 오늘 일은 거의 끝이 나게 되었는데, 먼저 나와서 발을 닦던 동화가 큰말 편을 바라보더니,

　　"에에키, 건살포 나오시는군."

하고 입을 삐죽해 보인다. 여러 사람들의 눈은 그리로 쏠렸다.

가슴속의 비밀

"건살포라뇨?"

영신이도 아름드리 느티나무 고목이 된 대추나무가 얼크러진 큰말 편을 바라본다. 옥색 저고리를 입은 호리호리한 사나이가 안경을 번쩍거리며 기다란 살포를 지팡이 삼아 짚고, 언덕길을 어슬렁거리고 내려온다.

"살포는 감농이래두 헐 줄 아는 사람이 물꼬나 보러 댕기는 데 쓰는 건데요. 저 사람은 일년감이 열린 걸 보구 '저 감자 탐스럽게 열렸군.' 하던 출신이, 살포를 건성 휘둘르며 댕겨서 건살포라고 별명을 지었어요."

입바른 소리 잘하는 동화의 대답이다.

"저 사람이 누군데요?"

영신은 새신랑처럼 옥색 저고리를 입은 인물에게 호기심을 일으키며 물었다.

"성님한테 들으셨겠지만, 저 강 도사 집의 둘째아들 기만이에요. 동경 가서 어느 대학엘 댕기다가 무슨 공부를 그렇게 지독허게 했는지 신경쇠약이 걸려 나왔다나요."

"네, 그래요? 그럼 이 근처선 제일 공부를 많이 한 청년이로군요."

"그런 셈이지요. 헌데 자제가 아주 노새예요."

"아아니, 노새가 뭐야요?"

하고 영신이가 재우쳐 묻는 말에 동화는 무심결에 그런 말을 입 밖에 내놓고는 말대답을 얼른 못하고 픽픽 웃기만 한다. 노새는 말과 당나귀 사이에 난 튀기인 것을 알고 있으나, 그 물건이 명색만 달렸지 생식은 못하는 동물이라는 것까지는 영신이가 모르고 있었다. 이 동리 청년들끼리 엇먹는 수작으로, 허울만 좋지 그저 아무짝에 소용이 닿지 않는 인물을 암시하는 말이었다. 영신은 어렴풋이 기만이란 사람을 놀리는 말이거니 하고 더 묻지를 않았다.

기만이는 언덕에 살포를 꽂고 왼팔은 하느르르한 회색 바지를 입은 허리춤에 찌르고 서서, 여러 사람이 일하는 것을 내려다보고 섰다. 무슨 풍경화나 감상하는 듯한 자세를 짓고 선 것이 몹시 아니꼬아 보여서 그것만 보아도 비위가 뒤집히는 듯,

"병이 났읍네 허구 영계만 실컷 과먹구 나니까 게트름이 나는 게지. 저 작자가 어슬렁거리구 댕기는 꼴은 됐다가 봐두 눈꼴이 틀리드라."

하고 동화는 저 혼자 투덜거린다. 곁에서 말뚝을 박고 있던 형은,

"아서라, 오다가다 들을라. 귀먹은 욕두 그만큼 먹였으면 고만이지, 그렇게 원수치부를 헐 게 뭐 있니. 저 딴엔 우리헌테 허느라구 허는 걸."

하고 아우의 험구를 틀어막는다. 이번에는 건배가 영신의 곁으로 와서 바지에 흙탕물이 튀어서 말라붙은 것을 비벼 털면서 기만이가 앉은 언덕 위를 흘끔 쳐다보더니,

"그래두 저 사람은 돈밖에 모르는 저희 아버지나 형헌테 대면 없는 사람들을 꽤 동정하는 셈이에요. 이 논 닷 마지기를 우리헌테 도지루 얻어 주려구, 담배씨루 뒤웅박을 파려고 드는 제 형허구 쌈을 다 했으니까요. 겉탈인지 몰라두, 우리가 허는 일을 여간 찬성을 하지 않아

요. 이따금 우릴 청해서 그 집엘 가는 날이면 이밥에 고기반찬에 한 턱 잘 먹여서 소복을 단단히 허구 나오는데, 저 동화허군 아주 옹추 거든요. 술만 먹으면 '요샛 세상에 양반이 무슨 곤장을 맞을 양반이냐!' 구 들이대기를 일쑤 하는데 그뿐이면 좋게요, 실컷 얻어먹구 나선 들어 두라는 듯이 허는 소리가 '제에길, 요까짓 걸루 어름어름 우리 비위를 맞출려구, 몇 대를 두구서 저이가 우리를 빨아먹은 게 얼만데……. 그걸 다 토해 놓으려면 안직 신날두 안 꼬았다.' 허구 건주정을 한바탕씩 허니 누가 듣기 좋다나요. 저 사람두 동화라면 딱 질색이건만 그럴수록 극성맞게 쫓아다니며 성화를 바쳐서 아주 학질을 떼지요. 여간한 심술패기라야지……."

"그렇게 혈기 있는 청년두 있어야 해요. 급헌 때면 그런 사람이 앞잡이 노릇을 허니깐요."

하고 영신은 동화가 멀찌감치 서 있는 것을 보고 칭찬 비슷이 하고는,

"그런데 여긴 지금두 양반 상놈이 있나요?"

하고 묻는데, 어느 틈에 기만이가 언덕을 내려와 그 영신이가 앉은 맞은편 논둑에 가 버티고 섰다. 여학생이 동혁이를 찾아왔다는 소식을 듣고, 일부러 구경을 하려고 나왔는지도 모른다. 기만이가 가까이 오자 동혁의 형제는 못 본 체하고 돌아섰는데, 일하던 사람 중의 반수 이상은 그 앞으로 가서 허리를 굽히고,

"구경 나오셨시유?"

하고 손길을 마주 비빈다. 그네들은 강 도사 집의 작인들이나 그렇지 않으면 돈을 얻어 쓴 사람의 자질들인 것이다.

기만이는 바지춤에 손을 찌른 채 여러 사람이 인사를 하는 대로,

"응, 응."

하고 코대답을 할 뿐이다. 귀퉁이에다가 살포를 꽂고 우두커니 섰다가

석돌이란 회원을 손짓을 해서 부른다. 영신의 편으로 눈짓을 하며, 수군 거리는 것이 '저게 동혁이를 찾아온 여자냐?' 고 묻는 눈치다. 석돌이는 말대답하기가 거북한 듯이 고개만 끄덕여 보이다가 일자리로 돌아간다.

영신은 기만이가 맞은편에서 안경 너머로 똑바로 건너다보고 섰는 것이 면구스러워서,

"난 저리루 거닐다 오겠어요."

하고 일어선다.

"나 허던 일은 다 했는데, 혼자 다니시다 길이나 잊어버리시게요?"

하고 건배가 뒤를 대선다. 동혁은 책임상 일이 다 끝나기 전에는 일어서기가 어려운 모양인데, 영신이 혼자 돌아다니게 내버려 두기도 안됐고 하던 이야기도 남아서, 건배는 입이 궁금하였던 것이다.

두 사람은 나란히 서서 기만의 등 뒤로 돌아 멀리 바다가 내려다보이는 언덕으로 올라갔다. 논과 밭이 눈앞에 질펀히 깔렸는데, 여기저기서 두레로 물을 푸는 소리와 소 모는 소리가 들린다. 한 서너 군데서나 못자리를 만드느라고 흰옷 입은 농군들이 손을 부지런히 놀리는 것이 보인다.

영신은 바위틈에 홀로 피었다가 이우는 진달래 잎새를 어루만져 주다가,

"참, 아까 양반 얘길 하다가 중도무이를 했죠?"

하고 먼저 말을 꺼내더니,

"그런데 저 기만이란 사람의 아버지, 무슨 도산가 하는 이는 뭘 하는 사람이야요?"

하며 잔디 위에 손수건을 깔고 앉는다.

남들은 다 벗고 들어서서 일을 하는데, 저 혼자 외톨로 돌아다니며 구경하듯 하기가 미안스럽기도 하고 한편으로는 무료하기도 해서 이 말

저 말 묻는 것이다.

"합방 전해꺼정 금부의 도사라는 벼슬을 다녔다나요."

"금부라뇨?"

"지금으로 치면 경무국쯤 되겠는데, 도사란 건 경부 같은 거라지요. 아무튼 그 늙은이는 여태 노루 꼬리만헌 상투를 달고 체수는 조그만히, 빼쭈헌 노랑수염을 쓰다듬으며 도사라구 앉아서 에험에헴 헛기침을 허면서 위엄을 부리는 게 여불없는 염소지요. 헌데 체격은 고 모양이래두 목구녁 하나는 크거든요. 한참 망해 들어가는 판에 부자들이나 장사치를 사뭇 도적놈으로 몰아서 옭아다가는 주리를 틀구 기왓장 꿇림을 시켜서, 박박 긁어모아 이 고장에 전장을 장만해 가지구 내려왔대요. 내려와선 심심하다구 돈놀이를 허구 장리벼를 놔서, 이 근동에서 강 도사의 돈을 안 얻어 쓴 사람이 하나두 없다구 해두 과언이 아니에요."

"멀쩡한 고리까시(고리대금업자)로군요."

"고리까시구말구요. 그 취리허는 법이나 장리벼를 놔먹는 수단이 알구 보면 기막히지요. 그런데 근자엔 '이젠 이 세상에 더 두구 볼 게 없다.'구 매일 술루만 장복을 허다가, 간이 뚱뚱부었다나요. 그래서 살림두 기천이란 큰아들헌테 내맡기구선 꼼짝 못허구 누웠에요."

"그래 저 오입쟁이 같은 사람이, 그 늙은이의 둘째아들이군요?"

"저 기만이라는 인물만은 그래두 해외 바람을 쐬어서 세상이 어떻게 돌아가는 걸 짐작은 허는지 저 딴엔 우리가 허는 일을 찬성두 허구 추렴두 몇 곱절이나 내는데……."

"그런 사람을 잘 이용하면 좋지 않아요? 가끔 기부금이나 뜯어 오구요……. 청석골 근처에두 대학이니 전문학교니 졸업을 허구 와서, 저 건살포 모양으로 번들번들 놀면서, 장거리루 술추렴이나 다니는 사람이 서넛이나 돼요. 우리가 허는 일을 헤살이나 놀지 말었으면 헐 뿐이지, 그따위 고등 유민들헌테 기대허는 건 없지만요. 논밭 팔어 가며 공부한 청년들이 다 그 뻔새로 건공중에 떠돌아다니는 걸 보면 여간 한심허지가 않어요."

하는데, 기만이가 두 사람이 앉아 있는 방향으로 그 백납같이 흰 얼굴을 들고 어슬렁거리고 올라온다. 아마 영신이와 인사를 청하려고 오는 것인지도 모른다.

"그런데 우스운 일이 많지요. 저 사람이 첨엔 자꾸만 우리 회엘 들겠다구 하니까, 동혁이 말이 '어느 시기까지는 누구나 다 끌어들일 필요가 있다.'구 찬성을 해서 입회를 시켰더니, 얼마 동안은 '나두 상일을 해 보겠다.'구 저딴엔 열심으로 따러댕겼는데……."

"그래서요?"

"저의 부형은 양반의 체면을 더럽히는 미친 자식이라구 야단을 치다 못해, 아주 내버려 두게까지 됐었어요. 장에서 사온 괭이를 번쩍거리며 그루를 가는데 덤벼들어서 하루 종일 덥적거리더니 이튿날은 고만 몸살이 나서 한 댓새나 된통으로 앓었대요. 저의 집에선 '이거 생자식 잡겠다.'구 자동차를 '가시끼리'해서 읍내의 공의를 다 불러오구 한참 야단법석을 했어요."

"참 정말 혼이 났군요."

"그뿐이면 좋게요. 저의 집 앞 채마전에서 한 반나절만 꿈지럭거리면, 그날 밤엔 행랑계집들을 불러다가 '다리를 주물러라' '허리를 밟어라' 허구 죽은 시늉을 헌대요. 그나 그뿐인가요. '나도 농군들이 단꿀 빨듯 허는 걸 먹어야 한다.'며, 머슴들이 두레를 놀던 2월 초하룻날은, 지푸레기를 꽂아두 안 넘어가는 그 툽툽한 수수막걸리를 두 사발이나 들이키군 그만 배탈이 나서 한 사날 동안이나 설사를……."

하는데 영신은 웃음을 참다 못해서,

"고만요, 고만요."

하고 허리를 잡으며 손을 내젓는다. 건배의 수다에는 또다시 항복을 하지 않을 수 없었던 것이다.

동혁은, 기만이가 올라가는 것을 보자 앞질러 두 사람이 앉은 데로 올라왔다.

"자, 그만 우리 집으로 내려가십시다."

하는데, 기만이는 살포자루를 내두르며 뒤미처 올라왔다.

기만은 세 사람이 내려오는 길목을 지키고 있다가, 동혁이더러 소개를 해 달래서 영신이와 인사를 했다. 기만이는 영신이가 초면이었지만 M대학 정경과의 졸업 논문을 쓰다가 신경쇠약에 걸려서 나왔다는 것과, 별안간 궁벽한 이 시골서 지내려니 갑갑해서 죽겠다는 것과, 그러나 이러한 동지들이 있어서 함께 일을 하니까 여간 의미 깊은 생활이 아니라고, 일본말 조선말 반죽으로 건배의 다음 결은 갈 만큼 씩둑꺽둑 늘어놓는다.

영신은 속으로 다른 생각을 하면서도,

"그러서요? 네, 그러시구말구요."

하고 말대꾸를 해 준다. 동지라는 말만 해도 귀에 거친데, 함께 일까지 한다는 데는 우습지 않을 수 없었다. 첫째, 응달에서만 지내서 하얀 살결과 안경 속에서 사람을 깔보는 듯한 조그만 눈동자며, 삶아 놓은 게 발같이 가냘픈 손가락을 보니 어쩐지 말대답도 하기가 싫었다. 더구나 옥색 명주 저고리를 입은 것과 부사견 회색 바지를, 또 구두가 덮이도록 사북을 쳐뜨려 입은 것이 바로 보기 싫을 만큼이나 눈꼴이 틀렸다.

기만은 안 보는 체하면서도 영신의 아래위를 훑어보더니,

"심심허신데 우리 집으루 놀러 가시지요."

하면서 동혁을 돌아다보고,

"우리 동지들끼리 저녁이나 같이 먹으면서 좋은 얘기나 듣구 싶은
데……."

하고 양해를 구한다. 그는 영신이가 먼 데서 찾아온 귀한 손님이라고
대접을 하려는 것보다도 몸이 비비 틀리도록 심심한 판에, 동리에 처음
으로 떠들어온 신여성을 불러다 놓고 하루 저녁 소견이나 하고 싶은 눈
치다.

제가 거처하는 작은 사랑채를 말끔 중창을 하고 유리를 붙이고 실내
를 동경 같은 데의 찻집을 본떠서 모던 형식으로 꾸며 놓은 것과, 또는
새로 사온 유성기를 틀면서 '이 시골 구석에도 이만큼 문화생활을 하는
사람이 있다.'는 것을 자랑하려는 듯. 또 한편으로는 몇 해를 두고 이혼
을 못해서 죽느니 사느니 하던 본처를 월전에 쫓아보내서 영신이 같은
여자를 저의 집으로 한번 끌고 들어가 보려는 것인지도 모른다.

동혁이가 얼른 말대답을 아니하는 것을 보고 영신은,

"오늘 저녁은 저 동혁 씨 댁으로 가기로 먼저 약속을 했습니다."

하고 두말 못하게 뚝 잡아떼었다. 기만은 자존심을 상한 듯,

"그럼 여러 날 계실 테니까, 일간 다시 한 번 청하지요."

하고 머리를 까딱해 보이더니 무색해서 내려간다.

"난 우리 집에까지 따러 내려올 줄 알았더니……. 제가 헐일 없는 생
각만 허구, 줄줄 따러댕기는 덴 학질이야."

하고 동혁은 앞을 섰다. 건배는 휘적거리고 동혁의 뒤를 따라오다 말고
멋쩍은 듯이,

"여보게, 약국의 감초두 빠질 차롄가?"

하고 일부러 돌아서는 체를 한다.

"아따, 이 사람, 화젓가락 옷마디 꼬듯 허지 말구, 어서 사발농사나 지러 오게그려."

하고 동혁은 건배를 돌아다보고 손짓을 한다.

세 사람은 앞서거니 뒤서거니 은행나무 아래로 내려갔다.

"어쩌면 인사를 하자마자 대뜸 저의 집으로 가재요?"

"그러니깐 자제가 노새지요."

동혁도 영신을 돌아다보고 웃다가,

"그 사람은 문제가 없에요. 잘 구슬려 주기만 허면 고만이니까. 허지만 기천이라는 그 형 때문에 큰 걱정이에요. 우리 일엔 덮어놓구서 반대니까요. 반대만 허면 좋겠는데, 머리악을 쓰구 훼방을 놓아서 마구 대들어 싸울 수두 없구, 큰 두통거린걸요."

하고 쩍 하고 입맛을 다신다. 영신이가,

"형은 뭘 하는 사람인데요?"

하니까 입이 궁금하던 건배가 다가서며,

"대대로 곱사등이라구, 그자두 고리대금 허지 뭘해 먹겠어요. 여러 해 면서기를 댕기다가 요샌 명정거리나 장만을 허려는지 면협의원을 선거허는 데 출마를 했다나요. 저의 아버지버덤두 더 옹충맞게 생겨 먹은 게, 얼리지 않는 양복을 빼지르구 자전거를 타구서 유권자를 찾어 댕기는 화상이란 참 장관이지요."

"그런데 무슨 까닭으루 청년들이 하는 일을 반대하는 건가요?"

하고 영신이가 묻는데, 어느덧 동혁의 집 앞까지 당도하였다. 동혁의 어머니는 싸리문 밖으로 내달며,

"어서 오우."

하고 여러 해 봐 오던 사람처럼 영신을 반가이 맞아들인다. 그는 치마를 갈아입고 새 버선까지 꺼내 신었다.

동혁은 저의 집의 가난한 살림살이를 영신에게 보여 주기가 싫은 생각은 조금도 없었다. 다만 어머니나 아버지나, 동네 사람들이 자기네 짐작대로 영신을 저의 색시감으로 알고 놀리기까지 하는 것이 싫어서 저의 집으로 데리고 들어가기를 꺼렸던 것이다. 그러나 어머니가,

"애야, 좀 가까이 보자꾸나. 먼 광으로만 보구 어디 알 수 있니? 색시감을 서넛째나 퇴짜를 놓더니만, 연분이 따루 있는 줄이야 누가 알았겠니? 으뭉스레 굴지 말구 저녁엔 꼭 데리구 오너라."

하고 아들의 뒤를 쫓아다니면서 며느리감을 데리고 오라고 신신당부를 하였다. 사실 정분이, 차순이, 필례 할 것 없이 동네의 색시들은 동혁이를 믿고 있는데, 당자가 '아직 장가를 아니 들겠다.'고 쇠고집을 세워서 다른 데로 혼인을 한 뒤에, 벌써 아들딸들을 낳고 사는 중이다. 근동에서도, 여러 군데서 통혼이 들어왔건만, 아무리 사윗감을 탐을 내어도, '글쎄 갓서른까진 장가를 안 든다니까…… 암만 해 보구려.' 하고 막무가내로 말을 아니 들어 왔다. 어제 저녁에는 동화도 형과 겸상을 해서 밥을 푹푹 퍼넣다가,

"성님, 사람이 썩 무던해 뵈는데…… 쇠뿔두 단결에 빼랬다우. 그 덕에 나두 고만 장가나 들어 봅시다."

하고 뒤퉁그러진 소리를 해서 형은,

"너두 날 놀리는 셈이야? 그렇게 급한데 누가 너 먼첨 장가를 들지 말라든."

하고 씁쓸히 웃었다.

한편으로 영신이도 동혁의 생활을 보고 싶었다. 오래 두고 머릿속에 그려 보던 것과 같은가, 또는 얼마나 다를까…… 하고 적잖이 궁금히 여기다가 동혁이가 거처하는 방으로 들어가서 둘러보고는 놀라지 않을 수 없었다. 구차한 살림이요, 더구나 홀앗이라 번쩍거리는 세간이 있으

리라고는 상상도 하지 않았지만, 그래도 전문학교까지 다니던 사람이 거처하는 방으로는 너무나 검소하다. 흙바닥에다가 그냥 기직대기를 깔았는데 눈에 새뜻하게 띄는 거라고는 하나도 없다. 윗목에 놓인 책상에는 학교에 다닐 때 쓰던 노트 몇 권이 꽂혔고 신문·잡지가 흐트러졌을 뿐이요, 아랫목에는 발길로 걷어차서 두르르 말아 놓은 듯한 이불 한 채가 동그마니 놓였다. 참 한 가지 잊어버린 것이 있다. 그것은 마분지로 도배를 한 벽에 붙은 사기 등잔인데, 그것도 오늘 지나다니며 들여다본 다른 농가의 것과 조금도 다른 것이 없다.

무엇을 장하게 차리는 것도 아니나, 눈 어둔 어머니는 부엌 속에서 데그럭거리며 어둡도록 꾸물거린다. 조금 있자 건배의 아낙이 달걀 한 꾸러미를 행주치마로 감추어 가지고 노인의 응원을 하러 왔다.

"그 색시 복성스럽게 생겼읍죠? 조금두 신식 여자 티가 없고 아주 서글서글헌 게 속 터진 사내 같어요."

하더니,

"인제야 부엌일을 면하시나 봅니다."

하고 밥을 푸는 동혁의 어머니의 얼굴을 들여다본다.

"이번에두 김치국버텀 마시는 셈인지 누가 아나. 내 뱃속으로 났어두 당최 그눔의 속을 들여다볼 수가 있어야지. 내가 무슨 팔자에 살아생전 그런 며느리를 얻어 보겠나."

하고 마누라는 한숨을 내쉰다. 박 첨지와 동화는 자리를 내어 주느라고 마을을 갔는데, 윗간에서 저녁을 기다리는 동안 세 사람은 농촌 문제를 토론하고 요새 한참 떠드는 중에 있는 자력갱생 운동을 비판하는데, 건배의 아낙이 밥상을 들고 들어온다.

"참 정말 미안허군요. 여기꺼정 출장을 하셔서……."

하고 영신이가 일어나며 상을 받아 들었다. 동혁의 어머니가 문밖에까

지 따라와 눈을 찌긋하고 영신의 얼굴을 들여다보면서,

　"숫제 찬 없는 밥을 대접헌답시구…… 온, 시골 구석이라 뭐 있어야지. 늙은 사람이 헌 거라구 숭을랑 보지 말구 많이 자슈."

한다. 영신은 일어서며,

　"온 천만의 말씀을 다 허십니다. 들어오세요."

하고 공손히 예를 한다.

　"괜찮소. 어서 자슈."

하고 여전히 허우를 하니까, 영신은,

　"말씀 낮춰 허세요."

하고 정말 색시처럼 조심스러이 앉았다. 건배의 아낙은 남편을 보고,

　"그런데 두 분이 얘기두 조용히 못허게시리, 뭣허러 줄줄 따라 댕기는 거요? 집에 가서 어린애나 봐 주지 않구."

하니까,

　"흥, 얻어먹으러 다니는 사람이 자리를 가려서야 되나."

하고 건배는 소매를 걷으며 젓가락을 집는다.

　영신은 매우 유쾌한 그날 그날을 보냈다. 날마다 동혁이가 부는 나팔 소리가 들리기 전부터 은행나무 밑으로 올라가서 조기회에 참례를 하였다.

　"안직 힘드는 운동은 허지 말구 편히 쉬시지요."

하고 동혁이가 말려도 남에게 조금이라도 지는 것을 대기(몹시 싫어함)하는 영신은, 맨 뒷줄에 서서 끝까지 체조를 하고 또는 여러 사람과 함께 애향가를 불렀다.

　"얘, 동혁이헌테 온 여학생이 체조를 다 헌다더라."

하는 소문이 쫙 퍼지자 2, 3일 동안에 회원이 부쩍 늘었다. 늙은이, 여

편네들 할 것 없이 모여들어서 무슨 구경이나 난 것처럼 운동장인 잔디
밭이 빽빽하도록 들어차는 날도 있었다.

그러나 그네들은 운동꾼이 아니요, 구경꾼인 것은 물론이다.

"허, 이것 장꾼버덤 엿장수가 많다더니 웬 사람들이 이렇게 모여드
나."

하면서도 건배는 여러 사람이 모인 김에,

"여러분, 조기회에 참가를 합시오. 아침 일찍이 일어나 운동을 한바
탕 허면 정신이 깨끗해지구, 첫째 소화가 잘 됩니다."

하고 구세군처럼 선전을 하다가,

"우린 밥이 너무 잘 내려서 걱정이라네."

"체증이나 나거든 옴세."

하고 빈정거리는 사람이 있어서, 건배는 아무 말 못하고 뒤통수를 긁었
다.

영신은 농우회원들끼리만 모이는 일요일회도 방청을 하였다. 처음에는
뒷줄에 가 앉아서 남들이 하는 이야기만 듣다가 건배의 동의와 만장의
찬성으로, 밤늦도록 이야기를 하였다. 청석골에서는 저 한 몸으로 분투
하는 이야기며, 남의 강제나 또는 일종의 유행으로 하는 소위 농촌운동
을 우리가 스스로 깨닫고 자발적으로 해야만 할 농촌운동을 구별해 가면
서 그 성질을 밝히고, 또는 한 걸음 더 나아가서 남녀를 물론하고 뜻이
같은 사람끼리 단결할 필요와 언제나 서로 연락을 취하자는 부탁을 하였
다. 그 이야기의 내용은 자세히 기록하지 않으나, 영신의 말은 억양이
심해서 유창하지는 못해도 조리가 닿고 열이 있어서 농우회원들은 물론
동혁이도 '그 동안 고생도 많이 허구 수양도 어지간히 했구나, 우리가
미처 생각하지 못한 것도 많은걸.' 하고 속으로 혀를 빼물 정도였다. 건
배의 아낙도 문 밖에서 동리 여편네들과 엿듣고는 매우 감동이 되어,

"여자두 저만큼이나 났어야 사내들헌테 코큰 소리를 해 보지."

하고 자기가 보통학교 졸업밖에 하지 못하고 시집이라고 와서 살림과 어린것들에게 얽매여 늙어만 가는 것을 분하고 절통히 여겼다.

온 지 나흘 되는 날 저녁에 영신은 건배의 아낙을 앞장세우고, 동네의 말귀 알아들을 만한 여인네들을 그 집 마당에 모아 놓고 또 한 번 일장 연설을 하였다.

"내가 이 한곡리에 와서 며칠이라도 지내게 된 걸 영원히 기념하기 위해서 이 동네에도 부인들끼리의 회를 하나 모아 드리고 가겠습니다."

하고 그런 모임을 조직할 필요를 역설하였다. 부인회를 모은대야, 그네들은 극도로 검소한 생활을 하는 터이요, 남자들처럼 금주 단연을 하거나 도박 같은 것은 금할 필요도 없고 살림살이를 이 이상 더 조리 차려 해서 저축을 할 여지도 없지만, 당분간은 여자들의 글눈을 띄어 주는 강습회 일만 하더라도 남자들의 힘을 빌리지 말고 여자들끼리 자치를 해서, 지금부터 하루에 쌀 한 숟가락 보리 한 줌씩을 모아서라도 농한기에 공부를 할 수 있도록 그 경비를 써 나갈 것을 힘있게 말하였다.

마당 가득히 모인 여인네들은, 손 하나 들 줄은 모르면서도 모두 찬성한다는 뜻을 표하였다. 그래서 영신은 회 같은 것을 조직하는 데 훈련을 받아 온 터이라, 건배의 아내를 회장격으로 추천해서 '한곡리 부인 근로회'라는 단체 하나를 조직하였다. 그리고는 앞으로 유지해 나갈 방법까지 세워서 건배의 아내에게 소상 분명히 일러준 후 그와 앞으로 형님 동생을 하자고 해서 의형제까지 맺고 굳은 악수까지 하였다.

그러는 동안 한 가지 몹시 거북한 것은 식사를 할 때는 물론, 농우회 석상에서나 마당과 한길에서까지 회원들과 동네 여자들이 이 구석 저 구석에서 수군거리며, 뒤를 쫓아다니면서까지 동혁이와 영신의 행동과 눈치를 슬금슬금 살피는 것이었다.

그럴수록 두 사람은 털끝만큼도 이상한 눈치를 보이지 않았다. 그저 처음 대하는 손님과 다름없이 데면데면하게 굴었다.

그 뒤로 기만이는 영신을 청하려고 몇 번이나 동혁의 집으로 행랑아범을 보내고 머슴을 시켜 청좌하는 편지까지 보내곤 하였다. 동혁은,

"그분이 왜 우리 집에 있는 줄 아나?"

해서 돌려보내기도 하고, 전달해 달라는 편지는 받아 두고도 영신에게 전할 필요를 느끼지 않았다. 영신이가 그런 편지를 직접 받았더라도 몸이 불편하다고 핑계를 하든지 해서, 이른바 초대회에 까닭 없는 주빈 노릇하기를 거절하였으리라. 동리의 가난한 사람들을 위하는 일이나, 무슨 집회 같은 데는 자발적으로 출석을 하였지만, 기만의 심심풀이를 해 주거나 그런 사람이 자랑하는 생활을 보기 위해서 더구나 홀로 지낸다는 남자를 찾아가고 싶지가 않았을 것이다. 사업을 위해서는 소 갈 데 말 갈 데 없이 다니나, 이러한 경우에는 처녀로서의 처신을 가지고 조심하지 않을 수 없는 것을 잘 알고 있었기 때문이다.

한편으로 기만이는 매우 분개하였다.

"제가 얼마나 도도한 계집이길래 내가 여러 번 청허는데 안 온단 말이냐!"

하고 하인을 세워 놓고 몰아대다가,

"동혁이버텀 못생긴 자제지. 저한테 온 여자를 내가 어쩔 줄 아나. 어디 얼마나 버티나 보자."

하고 벼르기까지 하였다.

그러다가 하루는 낮이 훨씬 겨워서 기만이는 자회색 봄 양복을 말쑥하게 거들고 도금으로 장식을 한 단장을 휘두르며 바닷가 영신이가 유숙하는 집으로 찾아갔다. 영신은 잡지를 보고 누웠다가 몸을 일으키며,

"어디 가시는 길이세요?"

하고 달갑지 않게 맞았다.

"하두 여러 번 청해두 안 오시길래, 몸이 편치 않으신가 하구 지나는 길에 들렀습니다."

하며 꾸며 대는 말에 영신은,

'지나는 길이라니 바닷속에 볼 일이 있었나.'

하고 속으로 웃었다. 이러한 궁벽한 촌에서 빳빳한 칼라에 자줏빛 넥타이를 매끈하게 매고 나온 것이 옥색 저고리에 부사견 바지를 입었던 것만큼이나 눈허리가 시었다. 방으로 들어오라고만 하면 마냥 능장을 부리고 앉을 것 같아서 멀리 신작로 쪽을 바라보고 앉았다가, 양복쟁이 서넛이 자전거를 타고 지나가는 것을 보고,

"저게 뭘 하러 쏘다니는 사람들인가요?"

하고 한 마디를 물었다. 기만이는 문지방에 가 걸터앉으며 안경 속에서 실눈을 짓고 맨 앞에 곡마단의 원숭이처럼 허리를 발딱 젖히고 자전거를 저어 가는 사람을 가리키더니,

"저게 우리 아끼니(형)예요. 저 아끼니 때문에 온 창피해서……."

하고 기만은 고개를 돌리며, 소태나 먹은 듯이 입맛을 다신다. 영신은 건배에게 들은 말이 있어서,

"형제분이 뜻이 맞지 않으시는 게로군요?"

하고 아우의 편을 드는 체하니까, 기만이는 피죤을 꺼내 피워물며,

"아니끼는 당최 이마빼기에 송곳을 꽂아두 진물 한 방울 안 나올 에고이스트야요. 돈푼 긁어 모으는 것밖에는 아무 취미두 모르는 인간인데, 게다가 면협의원인가 하는 게 큰 벼슬이나 되는 줄 알구 뽐내는 화상이야 요란하지요. 이래저래 나하군 매사에 충돌이니까요. 오늘 아침에두 대판으로 싸웠는걸요."

한다.

　"왜요?"

　"아, 엊저녁엔 공직자 부스럭지들을 대접한다구 주막의 갈보까지 불러다가 밤새두룩 술상을 벌여 놓고 뚱땅거려서 잠두 못 자게 굴길래, 그래서 한바탕 야단을 쳤지요."

하고 백관 아무 상관도 없는, 더구나 초면의 여자를 대해서 제 형을 개꾸짖듯 한다. 영신은 담배 연기를 피하느라고 외면을 하면서,

　'참 정말 별 쑥스런 자제를 다 보겠군.'

하면서도, 하는 소리를 들어 보느라고,

　"그래두 그만치 유력허신 분이니까 동네 일은 열성 있게 보시겠지요?"

하고 넘겨짚었다. 기만은 핥아 놓은 것처럼 지꾸를 바른 머리를 홰홰 내저으며,

　"말씀 마세요. 박동혁이 김건배 헐 거 없이 이 동네의 젊은 사람들은 아주 원수치부를 하는걸요."

　"왜요? 퍽 건실한 분들인데요."

　"그 속이야 뻐언하지만……. 그까짓 게 무슨 얘깃거리나 되나요?"

하고 기만은 일본말로,

　"도니가꾸 안나 진부쓰가 무라니 오루까라 난니모 데끼꼬 아리마셍요 (아무튼 저따위 인물이 동네에 있으니까 무슨 일이구 될 턱이 없지요)."

하고 결론을 짓더니, 조츰조츰 영신이 앞으로 다가앉으며 말머리를 돌리려고 든다. 영신은 어이가 없어,

　'대체 당신은 얼마나 낫소?'

하고 입 밖까지 나오는 말을 마른침으로 꼴깍 삼키고 솜털 하나 없이

면도질을 한 기만의 얼굴만 물끄러미 쳐다보았다.

　그 때 마침 건배의 아낙이 꽃게를 서너 마리나 들고 새로 조직된 부인 근로회의 회원들을 대여섯 사람이나 데리고 왔다. 영신은 구원병이나 만난 듯이 그네들을 반기는데 기만은,

　"그럼 내일 저녁에라두 놀러와 줍시오. 꼭 기다리겠습니다."

하고 어물어물하다가 꽁무니를 빼었다.

　일주일 동안이나 동혁이와 건배 내외의 극진한 대접을 받고 숙식을 부드러이 지내서 영신은 건강이 매우 회복되었다. 처음부터 어느 한 귀퉁이에 병이 깊이 들었던 것이 아니요, 영양 부족과 과로한 탓으로 전신이 매우 쇠약했던 터이라 불과 며칠 동안에 눈에 보이는 듯이 피부가 윤택해지고 혈색이 좋아졌다. 영신이 자신도 동지들의 자별한 성의에 눈물이 날 만큼이나 고마워서 아침저녁으로 한곡리 청년들의 건강과 그네들의 사업을 위해서 정성껏 기도를 올렸다. 처음에는 고작해야 사나흘만 견습도 할 겸 쉬어 가자던 것이 '하루만 더, 이틀만 더' 하고 간곡히 붙잡는 통에 자별한 호의를 매몰스러이 뿌리치고 일어서기가 어려웠다. 그 중에도 건배의 아낙은,

　"아우님, 우리가 한번 작별하면 언제 다시 만날지 모르는데……."

하고 눈물을 흘려 가며 붙잡아서, 차마 떼치고 일어설 수가 없었다.

　하지만 영신은 하루라도 더 남의 신세를 지며 저 혼자만 편하게 지내는 것이 무슨 죄나 짓는 것처럼 청석골 사람들에게 미안하였다. 영신이가 청석골로 내려가 자리를 잡은 뒤에, 야학의 교장 겸 소사의 일까지 겸쳐 하고 어린애들에게는 보모요, 부녀자들에는 지도자가 될 뿐 아니라 교회의 관계로 전도 부인 노릇도 하고, 간단한 병이면 의사 노릇까지 하여 왔다. 그렇게 몸 하나를 열에 쪼개 내도 감당을 못할 만큼이나

바쁘게 지내던 사람이 여러 날 나와 있으니, 모든 사세가 하루라도 더 머무르기가 어려웠다. 그 중에도 눈에 암암한 것은 저녁마다 손목과 치마꼬리에 매어달리던 어린이들이요, 귀에 쟁쟁한 것은,

"선생님! 선생님!"

하고 부르던 아이들의 목소리다. 엄동설한에도 홑고쟁이를 입고 다니던 계집아이들, 그러면서도 으슥한 구석으로 선생을 무작정 끌고 가서 황률이나 대추 같은 것을 슬그머니 손에 쥐어 주고는 부끄러워서 꼬리가 빠질 듯이 달아나던 그 정든 아이들.

한번은 이런 일까지 있었다. 어느 눈 내리던 날 밤, 야학을 파하고 사숙으로 돌아가는 길인데, 아버지도 어머니도 잃어버리고 일갓집에 붙어서 사는 금순이란 계집애가 숨이 턱에 닿아서 쫓아오더니 선생님의 자켓 주머니에다가 꽁꽁 언 손에 쥐고 있던 것을 넌지시 넣어 주고 달아났다.

"아서라, 이런 것 가져오지 말구우 네나 먹어라. 응."

하면서도 영신은 어린애의 정을 물리칠 수가 없어서, '왜콩이나 밤톨이거니.' 하고 만져 보지도 않고 가서 자켓을 벗어 거는데, 방바닥으로 우르르 쏟아지는 것을 보니 껍질을 말끔 깐 도토리였다.

영신은 떫어서 먹지도 못하는 그 도토리를 접시에 소복이 담아 책상머리에 놓고 들여다보고 손바닥에 굴려 보고 하다가 콧마루가 시큰해지더니 눈물이 뜨끈하게 솟던 생각이 났다. 그런 생각을 하면 금세 그 아이들이 보고 싶어, 당장 날아라도 가서 안아 주고 싶은 것을 억지로 참고 있었다.

거짓말은커녕, 실없는 소리도 잘 하지 않는 동혁이까지,

"발동선이 고장이 나서 못 댕기는데, 저 바다를 건너뛸 재주가 있거든 가 보시지요."

하고 붙잡는 바람에 그 말을 곧이듣고 한 이틀 더 묵었던 것이다.

그러나 영신은 누구에게도 발표하지 못할 고민을 가슴속에 감추고 있었다. 사실은 그 고민을 해결짓기 위해서 동혁이와 의논을 할 양으로 일부러 온 것이다. 정양을 하려는 것도, 동혁이가 실지로 일하는 것이 보고 싶었던 것도 사실이었지만, 이십이 훨씬 넘은 처녀로서, 저 혼자로는 해결지을 수 없는 일생에 가장 중대한 문제와 부딪쳤기 때문이다. 여간한 남자보다도 용단성이 있는 영신이언만 동혁이와 단둘이 만나서 가슴속의 비밀을 조용히 고백할 기회도 없거니와, 동혁의 얼굴만 마주 대해도 그 말을 끄집어내려던 용기가 자라 모가지처럼 움츠러들곤 하였다.

해당화 필 때

영신이가 떠나기로 작정한 전날 밤은 달이 유난히 밝았다. 열나흘 날 달이 어지간히 기운 것을 보니 자정도 가까운 듯 다른 사람들은 초저녁에 다 와서 작별을 하고 갔고, 건배의 아낙은 영신이가 친정에나 왔다가 가는 것처럼 수수엿을 다 고아 가지고 와서 눈물로 작별을 하고 갔건만, 동혁이만은 기다려도 오지 않는다.

점심때 집에 볼일이 있다고 잠깐 다녀는 갔으나, 동화의 말을 들으면 집에는 종일 들어오지를 않았다고 한다. 영신은,

'한 마디래두 꼭 하구 가야만 할 말이 있는데…….'

하고 이제나저제나 하면서 눈이 까맣게 기다리다가,

'내일 아침에야 일찌감치 오겠지.'

하고 누웠었다. 서창을 물들이는 달빛은, 이런 걱정 저런 근심에 잠을 이루지 못하는 영신을 문밖으로 꾀어 내었다. 그는 바스켓 속에 감추어 가지고 왔던 조그만 손풍금을 꺼냈다. 그것은 ××여고보를 우등 첫째로 졸업한 상품으로 미스 빌링스란 서양 여자가 선사한 것이다.

영신이가 이 곳에 온 뒤로 하루도 거르지 않고 아침저녁으로 거닐던 바닷가 백사장에는 하아얀 모래가 유리가루처럼 반짝이는데 그 모래를 밟으면 바삭바삭 소리가 난다. 옷 속으로 스며드는 밤 기운이 조금 선선하기는 하나 바람 한 점 일지를 않았다.

영신은 외로운 그림자를 이끌며 가만가만히 손풍금을 뜯으면서 그 모래 위를 거닐려니 저도 모르는 사이에 노래가 저절로 입을 새어 나왔다. 그 노래는 드리고의 '세레나데'였다. 학교에 다닐 때에는 찬송가나 동요 같은 노래 이외에 애틋한 사랑을 읊은 노래라든지, 조금이라도 유흥 기분이 떠도는 유행 창가는 귀에 익도록 들으면서도 입 밖에 내기는 삼가 왔었다. 그러던 것이 오늘 저녁은 즉흥적으로 드리고나 슈베르트 같은 작곡가의 애련한 영탄적인 노래가 줄달아 불러졌다.

처음에는 입 속으로만 군소리하듯 불러 보던 것이 차츰차츰 그 소리가 높아져서 무섭도록 고요한 깊은 밤 해변의 적막을 깨뜨리다가는 가느다랗게 뽑아 올리고 뽑아 내리는 피아니시모에 영신은 '내가 성악가나 될 걸 그랬어.' 하리만큼 제 목소리가 오늘 저녁만은 은실같이 곱고 꾀꼬리 소리만큼 청아한 듯이 제 귀에 들렸다.

머리를 들면 황금가루 같은 달빛이 쏟아져 내리고, 머리를 숙이면 그 달빛을 실은 물결이 천 조각 만 조각으로 부서지며 눈과 영혼을 함께 황홀케 한다. 다시금 머리를 들어 하늘을 우러르면, 풀솜 같은 구름 속으로 숨바꼭질을 하는 달 속에는 쓸쓸한 방구석에 홀로 누워 외딸을 그리는 어머니의 눈물에 젖은 얼굴이 비치는 것 같고, 기다란 한숨과 함께 머리를 떨어뜨리면 닦아 놓은 거울 같은 바다 위에 꿈에도 잊히지 못하는 고향 산천이 아련히 떠오른다.

영신은, 백사장에 펄썩 주저앉으며 눈을 꼭 감았다. 이번에는 무형한 그 무엇이 젖가슴으로 치밀어 오른다.

'아이, 내가 왜 이럴까?'
하고 제 마음을 의심도 해 보았다. 이제까지 참고 눌러 왔던 청춘의 오뇌에 온몸이 사로잡히자 영신의 떨리는 입술에서 터져 나오는 한 마디는,

'하나님, 제가 그이를 사랑해도 좋습니까?'

하는 독백이었다. 영신은 다시 부르짖듯이 신앙의 대상자에게 호소한다.

'하나님, 일과 사랑과 두 가지 중에 한 가지를 택해 주시옵소서. 저의 족속의 불행을 건지기 위해서 이 한몸을 바치겠다고, 당신께 맹세한 저로서는 지금 두 가지 길을 함께 밟을 수가 없는 처지에 부딪혔습니다. 오오, 그러나 하나님, 저는 그 두 가지 중에 어느 한 가지를 버릴 수도 없습니다.'

영신은 모래 위에 푹 엎드러졌다. 방울방울 떨어지는 뜨거운 눈물에 번지는 모래를 으스러지라고 한 움큼 움켜쥐고서…….

어디서 무엇에 놀라서 날아가는지 물새 한 마리가 젖을 보채는 어린 애처럼 삐액삐액하고 울면서 머리 위를 지나간다.

영신은 고독과 적막이 등어리에 서리를 끼얹은 듯해서 진저리를 치고는 발딱 일어나면서, 치맛자락의 모래를 활활 털었다.

그 외롭고 적적한 생각을 잠시라도 헤쳐 버리려고 곁에 동댕이를 쳤던 손풍금을 다시 집어들고 감흥에 맡겨 열 손가락을 놀리며 저도 모를 곡조를 한바탕 뜯었다. 누가 곁에 있어서 그 음보를 그대로 오선지에 기록했더라면 혹시 〈헝가리언 광상곡〉 같은 작품이 이루어졌었을는지도 모르리라.

그는 풍금 타던 손을 쉬고 다시금 머리를 숙이고 묵묵히 생각에 잠겼다.

그 때였다. 바로 영신의 등 뒤에 솟은 바위 위에서 시꺼먼 그림자가 괴물같이 나타나더니,

"저……그 곡조 한 번만 더 타 주세요!"

하는 굵다란 목소리가 들렸다.

"아이고, 깜짝야!"

영신은 두 손을 짝 벌리며 오금에 용수철이나 달린 듯이 발딱 일어섰다. 전신에는 소름이 쪽 끼쳤다. 달빛을 정면으로 받아 시꺼먼 그림자의

정체가 눈앞에 드러나,

"난 누구라구요. 어쩌면 그렇게 사람을 놀라게 하세요?"

영신은 반가움과 원망스러움에 반죽이 된 표정으로 동혁을 살짝 흘겨 본다. 동혁은 빙긋이 웃으며 저벅저벅 걸어서 영신의 앞에 와 선다.

"놀라긴 내가 정말 놀랐어요. 이 밤중에 어디루 가셨나 허구, 빈방 속 에서 한참이나 기다렸었는데…….."

"풍금 소릴 들으시구 여기 있는 줄 아셨군요?"

"네, 독창회에 방해가 될까봐 저 바위 그늘에서 입장권두 아니 사고 근청을 했지요."

그 말에, 대낮 같으면 영신의 얼굴이 석류처럼 빨개진 것을 볼 수 있 었으리라. 잠시 이성을 잃었던 모든 동작과 미쳐날 듯이 목청껏 부른 노래를 동혁이가 지척에서 보고 들은 생각을 하고 열적고 부끄러워서

영신이가 얼굴을 붉힌 것뿐이 아니다. 바로 조금 전까지 안타까이 하나님을 부르며 '일과 사랑 두 가지 중에 한 가지를 택해 줍소서!' 하고 빌던 그 상대자가 뜻밖에 유령과 같이 눈앞에 나타난 데는 형용키 어려운 신비를 느꼈다. 신비스럽다기보다는 폭풍우처럼 뒤설레던 감정이 짓눌리고, 머리가 저절로 수그러지리만큼 엄숙한 기분이 온몸을 지배하는 것이다.

"앉으십시다."

동혁은 바위 아래 모래밭을 가리키고 저 먼저 앉으며 두 무릎을 끌어안고는 바다 저 편을 바라다본다. 아득한 수평선을 따라 일렬로 주욱 깔린 것은 달빛을 세우는 듯한 새우잡이 중선의 등불들이다. 아까까지 영신은 그 불을 낮은 하늘의 별들이 반짝이는 줄로만 알고 있었다.

"이리 와 앉으시라니까요."

눈을 내리감고 발끝으로 모래를 허비적거리며 서 있는 영신을 돌아다 보고 동혁은 명령하듯 한다.

"네……."

영신은 들릴 듯 말 듯하게 대답을 하고, 동혁의 곁에 가 치맛자락을 휩싸쥐고 앉는다. 오늘 밤만은 동혁의 어떠한 요구에든지 순종하려는 듯이……

"차차 바람이 이는데 춥지 않으세요?"

"아아뇨."

바닷가의 밤은 점점 깊어만 가는데 해금내를 머금은 바람이 솔솔 불어오기 시작해서 이슬에 촉촉이 젖은 몸이 감기나 들지 않을까 하고 동혁은 염려가 되었던 것이다. 그러나 조금 전까지 온몸의 피를 끓이며 노래를 목청껏 부르던 영신은 도리어 홧홧증이 날 지경이었다.

"그런데 어디서 인제 오셨어요? 오늘 밤엔 못 만날 줄 알았는데……."

"한 이십 리나 되는데, 누굴 좀 만나 보려구 찾아갔다가 오는 길이에요."

"그럼 여태 저녁두 안 잡수셨게요?"

"주막거리서 요기를 해서 시장허진 않아요."

"무슨 급헌 일이 생겼어요?"

"급허다면 급허지만……."

하고 동혁은 더 자세한 대답을 하기를 피하느라고,

"참 달두 밝군요!"

하고 딴전을 부리며 서녘 하늘을 쳐다본다.

볕에 그을어 이글이글하게 타는 듯하던 얼굴과 그 건강한 몸뚱이를 기울어 가는 창백한 달빛이 씻어 내린다. 파르스름한 액체와 같은 달빛이……

영신은 다시 무슨 생각에 잠겨 동혁의 커다란 그림자가 저의 눈앞에 가로 비친 것을 들여다보고 잠자코 있다. 조금 전까지도 외로움과 쓸쓸함을 못 견디어 바람받이에 외따로 선 나무처럼 바들바들 떨고 있던 영신은 동혁이가 와서 제 곁에 턱 앉은 것은 큰 바위 속에다 뿌리를 박은 것만큼이나 신변이 든든한 것을 느꼈다. 그와 동시에 애상적이던 기분은 구름과 같이 흩어지고 안개처럼 스러졌다. 다만 동혁의 윤곽만이 점점 뚜렷하게 커져서 제 몸이 그 그늘 속으로 차츰차츰 기어 들어가는 것 같은 환각을 느낄 따름이었다. 한참 만에 동혁은 무거이 입을 열었다.

"저…… 오실 때, 편지에 꼭 친히 만나서 의논헐 말씀이 있다구 그러셨지요? 그걸 지금 말씀해 주시지요. 하룻밤쯤 새우는 게 우리헌텐 문제가 아니었으니까……."

"……."

"내일은 그으예 떠나신다니, 또 만날 기회가 졸연치 않을 것 같은데, 꼭 해 주실 말씀이건 지금 허시지요."

"……."

영신의 머리는 수그러만지는데, 동혁의 눈은 점점 탐조등처럼 빛났다.

"왜 말씀을 못허세요? 무슨 말인지 시원스럽게 해 버리시지요. 나두 허구 싶은 말이 있는지두 모르니까요……."

영신은 그 말이 떨어지기를 기다리고 있었던 것처럼 그제야 고개를 번쩍 들었다.

"그럼 동혁 씨가 허구 싶으신 말씀버텀 먼첨 해 주세요."

"아아니, 내가 먼첨 물었으니까, 영신 씨버텀 대답을 하실 의무가 있지 않겠에요?"

"그래두 먼첨 해 주세요. 권리니 의무니 허고 빡빡허게 구실 거 없이……."

영신의 목소리에는 소녀와 같은 응석조차 약간 섞였다.

"그건 안 될 까닭이 있어요. 언권을 먼저 드리지 않으면 분개허는 성
미를 잘 알구 있으니까요."

그 말 한 마디에 이태 전 ××일보사 주최의 간친회 석상에서 처음
보았을 때의 인상과 악박골서 밤을 새우던 때의 정경이 바로 어제련 듯
주마등과 같이 두 사람의 눈앞을 달렸다. 그것은 두 사람의 평생을 두
고 잊으려야 잊을 수 없는 무한히 정다운 추억이었다. 그와 동시에 두
사람은 불시에 몸과 마음이 더한층 가까워지는 것이 느껴졌다. 동혁은
더 우기지 않았다. 남자의 자존심으로서가 아니라, 그런 말을 강제로 시
키기가 가엾은 생각이 들었던 것이다.

"그럼 이번만은 내가 지지요."

하고 동혁은 한참이나 뜸을 들이더니,

"어째서 그런지 몰라두, 내가 영신 씨헌테 허구 싶은 말이나 영신 씨
가 나헌테 꼭 허고 싶다구 별르면서두 얼핏 입 밖에 내지를 못하는
말은, 그 내용이 비슷헌 것 같은데……. 영신 씨 생각은 어떠세요?"

"……."

"아아니, 말대답이나 시원스럽게 해 주셔야지요."

하고 동혁은 달려들기라도 할 형세를 보인다. 영신은 간신히 알아들을
만한 목소리로,

"저 역시두 한평생에 제일 중요헌…… 우리의 운명이 좌우되는 그
런……."

하고는 말을 잊지 못하고 떠듬떠듬 토막을 친다. 아무리 고집이 세고
무슨 일에나 앞장을 서고 누구에게나 지지 않으려는 성벽이 대단한 영
신이언만, 오늘 저녁 이 자리에서만은 꽃을 부끄리는 처녀의 속탈을 벗

지 못한다.

　"아마 연애나 결혼 문제루 퍽 고민을 하시는 중이시지요?"

　동혁의 불쑥 내미는 말이, 정통으로 들어가 맞히니까,

　"……."

　무언중에도 영신의 온몸의 신경은 불에나 닿은 것처럼 움찔하고 자지러들었다.

　"나두 그런 문제로 적잖이 괴롭게 지내는 중이에요. 늙으신 부모님의 성화가 매일 같아서 그것두 어렵지만, 사실은 나 자신이 몹시 외로울 때가 있에요. 억지루 일을 해서 잊어버리려구는 애를 써두 나만치 건강한 남자가 언제까지나 독신으루 지낸다는 건 암만 생각해두 부자연헌 것 같아서……."

하고 발꿈치로 조약돌을 비벼서 으깨며 말을 멈추고는, 영신을 흘끗 곁눈으로 흘겨본다. 영신은 손가락으로 모래 위에다가 글씨를 썼다 지웠다 한다.

　"영신 씨!"

　동혁은 새삼스러이 저력 있는 목소리로 숨쉬는 소리가 서로 들릴 만큼이나 가까이 앉은 사람의 이름을 부른다.

　"네?"

　영신은 하얀 이마를 들었다.

　"멀구두 가까운 게 뭘까요?"

　끝도 밑도 없는 수수께끼와 같은 말에 영신의 눈은 둥그래졌다. 무어라고 대답을 하면 좋을지 몰라서 눈을 깜박깜박하더니,

　"글쎄요…… 사람과 사람의 사일까요?"

하고 동혁의 표정을 살핀다.

　"알 듯하고도 모르는 건요?"

"아마…… 남자의 맘일걸요."

그 말 한 마디는 서슴지 않았다.

"아니, 난 여자의 맘인 줄 아는데요."

동혁의 커다란 눈동자는 영신의 가슴속을 뚫고 들여다보는 듯하다.

달은 등 뒤의 산마루를 타고 넘으려 하고 바람은 영신의 옷깃을 가벼이 날리는데, 어느덧 밀물은 두 사람의 눈앞까지 밀려들어와 날름날름 모래바닥을 핥는다.

"……."

"……."

굴껍데기로 하얗게 딱개가 앉은 바위에 찰싹찰싹 부딪치는 파도 소리뿐……. 온 누리는 아담과 이브가 사랑을 속삭이던 태곳적의 삼림 속 같은 적막에 잠겨 있다. 그러나 두 사람의 형체 없는 영혼만은 무언중에도 가만히 교통한다. 똑같은 고민과 오뇌로 다리를 놓고서…….

영신은 앉아서 꿈을 꾸는 사람처럼 머리를 떨어뜨리고 있다가,

"제 속을 들여다보시는 것 같아서……."

간신히 한 마디를 꺼내고는 말끝을 맺지 못하더니,

"제 사정은 대강 아시는 터이지만 얼마 전에 어머니가 청석골까지 다녀가셨어요. 제발 고만 시집을 가라구 이틀 밤이나 꼬박이 세워 가며 빌다시피 허시는 걸 끝끝내 시원한 대답을 못해 드렸어요."

"그래서요?"

"그랬드니 나중엔 '네가 이 홀어미 하나를 영영 내버릴 테냐?'고 자꾸만 우시는 데는 참 정말 뼈를 깎아 내는 것 같아서……."

영신은 북받쳐 오르는 설움을 참느라고 이를 악문다.

"그렇게 언짢어하실 게 뭐 있어요? 얼른 결혼만 허시면 문제는 다 해결이 될 걸요."

하고 동혁은 일부러 비위를 긁어 주면서도 그 다음 말이 궁금해서 영신의 곁으로 다가앉는다.

영신은 남자를 원망스러이 흘끗 쳐다보고는 다시금 주저주저하다가 버쩍 용기를 내어,

"저…… 보통학교 댕길 때 돌아가신 아버지가 혼인을 정해 두신 남자가 있었어요."

이 말을 듣자 동혁의 눈은 금방 화등잔만해졌다.

이제까지 사사로운 이야기는 일부러 해 오지를 않던 터이나, 영신에게 약혼한 남자가 있다는 것은 참으로 뜻밖이었다.

"아, 약혼헌 사람이 있에요?"

제아무리 침착한 동혁이라도 저도 모르는 겨를에 이 말 한 마디가 입 밖으로 튀어나오는 것을 틀어막을 겨를이 없었다. 그와 반대로 영신의 태도는 매우 침착해진다.

"어려서부텀 한 동리에 자라나서 저두 그이를 잘 알어요. 김정근이라고 시방 황해도 어느 금융조합에 취직을 했는데 사람은 퍽 얌전해요."

하는데 그 사이에 제가 너무 당황하는 눈치를 보인 것을 뉘우친 동혁은 영신의 말을 자아내는 수단으로 얼핏 말끝을 채뜨려,

"그만허면 조건이 구비됐군요."

하고는 시침을 딱 갈기고 외면을 한다. 영신은 대들어서 동혁의 넓적다리를 꼬집기라도 하려는 자세를 보이다가,

"글쎄 그렇게 사람을 놀리지만 마시구 들어 보셔요. 대강만 얘기를 허께요."

하고는 다시 바다 저편의 고기잡이 등불을 바라보다가,

"그런데 그이는 내가 자기허구 꼭 결혼을 헐 줄만 믿구 있거든요. 지

난 겨울에 일부러 휴가를 맡어 가지구 찾어왔었는데, 이 말 저 말 해 가며 속을 떠보니까 농촌운동 같은 데는 털끝만치두 이해가 없구요. 그런덴 취미까지두 없어요."

"그래도 어떠헌 생활의 목표는 있겠지요."

"그저 월급이나 절약을 해서, 한 달에 얼마씩 또박또박 저금을 했다 가 그걸루 결혼 비용을 쓰자는 것⋯⋯."

그 말에 동혁은,

"아무렴 그래야지요. 현대는 금전만능 시대니까요. 거 일찌감치 지각 이 난 청년이로군."

하고 시골 늙은이처럼 매우 탄복을 한다. 남은 진심으로 하는 말에 한 편에는 자꾸만 이죽거리며 쓸까스르기만 하니까 영신은 발끈하고 정말 성미가 났다.

"아아니, 그렇게 조롱만 허시는 법이 어딨어요? 난 인전 암말두 안헐 테야요!"

하고 톡 쏘아붙인다. 그러나 그 말씀에 노염을 탈 동혁이가 아니다.

"아아니, 이건 결혼 얼른 못하는 화풀이를 내게다 허시는 셈이에요?"

하고 더한층 핀둥핀둥해진다.

동혁은 조바심이 나리만큼이나, 영신과 약혼한 남자와의 사이가 어떠 한가 하는 것이 궁금하였다. 아무리 저에게는 가림새 없이 모든 것을 터놓고 말하는 터이지만, 남녀 간의 관계에 들어서는 자연 은휘하는 일 이 있을 것이 의심스럽고 어느 정도까지는 그 남자에게 질투 비슷한 감 정을 느낀 것도 사실이다. 그러나 그렇다고 죄인이나 붙잡아 앉혀 놓고 심문을 하는 것처럼 빡빡하게 물어보면 실토를 하지 않을 듯도 해서 일 부러 농담을 하듯 하며 능청스러이 상대자의 속을 떠보는 것이다. 그러 다가 영신이가 정말 입을 다물어 버려서 형세가 불리하니까,

"그건 다 웃음의 말이구요······. 남의 일 같지가 않으니 말이지, 그럼 그 사람은 장차 무슨 일을 허구 싶다는 거예요?"

하고 점잖게 묻는다. 그래도 영신은 성적한 색시처럼 눈을 꼭 내리감고는 입을 열려고 들지를 않는다.

"허어, 이거 정말 화가 나셨군요. 그러지 말구 어서 말씀허세요. 달이 저렇게 기울어 가는데······."

하고 동혁은 얼더듬으려고 든다.

"금융조합에서 한평생 늙을 작정이야 아니겠죠."

영신은 그제야 조금 풀린다.

"암, 그야 그럴 테지요."

"돈이 좀 모이면 장변이래두 놔서 늘려 가지구 잡화상을 하나 내구서 생활 안정을 얻자는 게 그이의 고작 가는 이상이야요. 돈벌이를 허는 것밖에 우리루선 헐 노릇이 없다는 게 일테면 그이의 사상이고요."

"그만허면 짐작하겠어요. 요컨대 어머니께선 그런 착실헌 사람을 데릴사위처럼 얻어서 늙으신 몸을 의탁하고 인젠 딸의 재미를 좀 보시겠다는 게지요?"

"그런 눈치야요."

동혁은 무엇을 궁리할 때면 으레 하는 버릇대로, 두 눈을 꿈벅꿈벅하고 있다가 신중한 어조로,

"그럼 워낙 주의나 이상은 맞지 않드래두 그 사람헌테 혹시 애정을 느껴 보신 적은 있기가 쉬울 듯헌데······."

하고 가장 중요한 대문을 묻는다. 그 말에 영신은 뻗었던 두 다리를 오그리고 치마를 도사리며,

"어려서버틈 봐 오던 사람이니까 딱 마주치면 무조건허구 반갑긴 해요."

하고 잠시 침묵하다가,

"그렇지만 난 누구헌테나 입때까지……. 저어 동혁 씨를 만나기 전까지두……."

하고는 저고리 고름을 손가락에다 돌돌 감았다 폈다 한다. 동혁이도 자리를 고쳐 앉더니 영신의 얼굴을 면구스럽도록 똑바로 들여다보며,

"영신 씨는 어머니를 위해서 사랑이 없는 남자에게 한평생을 희생해 바칠 그런 봉건적인 여자는 아니겠지요?"

하니까,

"그런 말씀은 물어보실 필요두 없겠죠."

하고 영신은 자존심을 상한 듯이 자신 있는 대답을 한다.

"그럼 앞으로 어떡하실 작정이세요?"

"그이는 단념허겠어요! 그렇지만……."

"그렇지만 미련은 남겠단 말씀인가요?"

"아아뇨."

"그러문요?"

"……."

동혁은 영신이 경솔히 대답하지 못하는 속중을 약빨리 눈치채지 못할 만큼 미욱하지 않았다.

"그럼 내 태도를 보신 뒤에 좌우간 결단을 하시겠단 말씀이지요?"

동혁은 자신 있게 다져 묻는다. 그 말에 영신의 입에서는 분명히,

"네!"

한 마디가 서슴지 않고 떨어졌다.

동혁은 불시에 그 무엇이 마음속에 뿌듯하도록 꽉 차는 것을 느꼈다. 그 만족감은 물에 불어오르는 해면처럼, 또는 한정없이 부풀어오르는 고무풍선처럼 당장에 터질 듯하다.

동혁은 벌떡 일어섰다. 팔짱을 꽉 끼고 달빛에 뛰노는 바다를 바라보

고 섰노라니, 그 바다의 물결은 커다란 용광로 속에서 무쇠가 녹은 물이 부글부글 끓는 것같이 보인다. 바다 위가 아니라 바로 저의 가슴 한복판에서 용솟음치는 정열을 눈앞에 보는 듯하였다.

한 십 분 동안이나 동혁은 머리를 푹 수그리고 영신의 눈앞에서 조약돌만 탁탁 걷어차면서 왔다갔다 하였다. 그러다가 사기단추와 같이 손집는 데가 반짝거리는 손풍금을 집어 들더니,

"아까 그 곡조 한 번만 더 타 주세요."

하고 영신의 치마 앞에다 떨어뜨린다.

영신은 마지못해서 풍금을 받아 들면서도,

"얘기를 하다 말고 이건 뭐예요?"

하고 뒤설레는 마음을 진정하느라고 몸 둘 곳을 모르는 동혁을 쳐다본다.

"글쎄 특청이니 두 말씀 말구 타 주세요."

이번에는 반쯤 명령하듯 한다. 영신은 그만 청을 거역하기가 어려워서 풍금 손잡이에 손가락을 끼면서,

"아까 그건요, 되나 안 되나 함부루 타 본 건데 나두 무슨 곡존지 잊어버렸어요."

하고 고개를 외로 꼬더니,

"왜 우리가 다 아는 훌륭한 곡조가 있지 않아요? 난 어딜 가서든지 동혁 씨와 한곡리 생각이 나면 이 곡조를 탈 테야요."

말이 끝나자, 영신은 찬찬히 팔을 폈다 오므렸다 한다. 곡조는 시작만 들어도 '애향가'다. 그러나 조기회 때에 부르는 것과는 딴판으로 느릿느릿하게 타는 그 멜로디는 가늘게 떨며 그쳤다 이었다 하는 것이 무엇을 호소하는 듯이 몹시 애련하다. 이 밤만 밝으면 기약없는 길을 또다

시 떠나는 그 애달픈 이별의 정을 조그만 악기 속에 가득히 담았다 흩었다 하기 때문인 듯…….

허공에 얼굴을 쳐들고 두 눈을 딱 감고 섰던 동혁은 듣다 못해서,

"그만 집어칩시다!"

하고 외친다. 그래도 얼른 그치지를 않으니까, 와락 달려들어 손풍금을 빼앗더니 백사장에다 동댕이를 친다. 영신은 어쩐 영문인지를 몰라서 어리둥절하고 입을 조금 벌린 채로 동혁의 눈치만 살핀다.

동혁은 술이 몹시 취한 사람처럼 앞을 가누지 못하더니 그 유착한 몸이 푹 엎어지자, 영신의 소담한 손등은 남자의 뜨거운 입김과 축축한 입술을 느꼈다.

영신은 온몸을 달팽이처럼 오므라뜨리고는 눈을 사르르 내리감고 있다가,

"참, 이 바닷가엔 왜 해당화가 없을까요?"

하고 딴전을 부리며 살그머니 손을 빼어내려고 든다. 그러나 그 손끝과 목소리는 함께 떨려 나왔다.

동혁은 두 팔로 영신의 어깨와 허리를 버쩍 끌어안으며,

"해당화는 지금 이 가슴 속에서 새빨갛게 피지 않았에요?"

하더니 불시의 포옹에 벅차서 말도 못하고 숨만 가쁘게 쉬느라고 들먹들먹하는 영신의 젖가슴에 한아름이나 되는 얼굴을 푹 파묻었다…….

영신은 생후 처음으로 경험하는 남자의 뜨거운 입술과 소름이 오싹오싹 끼치도록 근지러운 육체의 감촉에 아찔하게 도취되는 순간 잠시 제 정신을 잃었다.

동혁은 숨결이 차츰차츰 가빠 오고 두근두근하는 심장의 고동까지 입술이 닿은 손등과 그의 얼굴에 짓눌린 가슴을 통해서 자릿자릿하게 전신에 전파된다.

영신은 조심스러이 손 하나를 빼어 목사가 세례를 주는 것처럼 부스스하게 일어선 동혁의 머리 위에 얹으며,

"고만 일어나세요, 네."

하고 달래듯이 가만히 흔들더니,

"나두요, 동혁 씨의 고민을 말씀허지 않어두 잘 알고 있어요. 동혁 씨가 내 말을 잘 이해해 주시는 것처럼.──그러길래 이태 동안이나 그닥지 그리워하던 당신께 제 사정을 하소연허려구 일부러 온 거야요. 이 세상에 다만 한 분인 동지헌테 제 장래를 의논하려구요……."

동혁은 천천히 머리를 들었다. 지독하게 마취를 당했다가 깨어난 사람처럼 거슴츠레해진 눈으로 눈물에 어리운 영신의 얼굴을 들여다보며,

"나는 영신 씨를 언제까지나 동지로만 사귈 수가 없에요. 그것만으로는 만족할 수가 없에요!"

하고는 또다시 그 돌공이 같은 팔로 영신의 허리를 끊어져라고 껴안는다.

영신은 숨이 턱턱 막히는 것 같아서 손에 힘을 주어,

"이러지 마세요. 이렇게 흥분하시면 못써요. 우리 냉정허게시리 얘기를 허십시다."

하면서 허리에 휘감긴 동혁의 팔을 풀었다. 그리고는,

"어쩌면 저 역시두 동지로 교제허는 것만으룬 만족할 수가 없는지두 모르지요. 그렇지만 그 문제를 백 번 천 번이나 생각해 봤는데……."

"어떻게요?"

동혁은 머리를 숙인 채 매우 조급히 묻는다. 영신은 조금 떨어져 앉아서 잠시 머릿속을 정돈시킨 뒤에 입을 연다.

"연애를 하는 데 소모되는 정력이나 결혼 생활을 하느라구 또는 개인의 향락을 위해서 허비되는 시간을 왼통 우리 사업에다 바치구 싶구요. 난 내 몸 하나를 농촌사업에나 계몽운동에 아주 희생하려고 하나

님께 맹세까지 헌 몸이니깐요."

"그러니까 그렇게 굳은 결심을 하고 실지로 일을 해 나가는 사람끼리 한몸뚱이루 뭉쳐서 힘을 합하면 갑절이나 되는 효과를 얻지 않겠어요? 백지장두 마주 들면 낫다는데…… 영신 씨를 만난 뒤버텀 나는 줄창 그런 생각을 허고 있었는데요. 어느 기회에 나를 따러와 주실 줄을 나 혼자 믿구 있었던 것두 사실이구요."

"왜 낸들 그만 생각이야 못해 봤겠어요? 그렇지만 우리의 교제가 이버덤 한 걸음 더 나아가면 필경은 결혼 문제가 닥쳐오겠죠?"

"그럼 언제꺼정 독신 생활을 허실 작정이신가요?"

영신은 그 말대답을 주저하고 손풍금을 집어 들고 어루만지며,

"이걸 나헌테 선사헌 미스 빌링스란 서양 부인은 미개한 남의 나라에 와서 별별 고생을 다해 가면서 우매한 백성을 깨우쳐 줄 양으루 오십이 넘두룩 독신 생활을 하고 있어요. 그런 여자의 생활이야말루 거룩하지 않어요, 깨끗허지 않어요?"

"그 사람네와 우리와는 환경이 달르구 처지두 달르지요. 영신 씨가 그런 사람의 본을 떠서 독신 생활을 해 보겠다는 건 우리의 현실이 허락하지 않는 아름다운 공상에 지나지 못헐 줄 알어요."

"그러니까 남몰래 살이 내리두룩 고민을 하는 게 아니겠어요. 이렇게두 못허구 저렇게두 헐 수가 없으니깐……."

"그런 경우엔 벙어리 냉가슴 앓듯 허지 말구 양단간 결단을 내려야만 허지요."

"그만한 결단성이 없는 건 아니야요. 그렇지만 난 청석골을 떠날 수가 없어요. 나를 낳어 준 고향버덤두 더 정이 들었구요. 나 하나를 무슨 천사처럼이나 알어주는 그 고장 사람들을, 그 천진난만한 어린이들을 차마 버릴 수가 없어요!"

"저엉 그러시다면 당분간 내가 청석골 천사한테 데릴사위로 들어갈까
요? 나 역시 이 한곡리에다 뼈를 파묻으려는 사람이지만……."
하고 시꺼먼 눈을 끔쩍끔쩍한다. 영신은,
"호호호, 그건 참 정말 공상인데요."
하고 동혁의 무릎을 아프지 않게 치며 별하늘을 우러러 명랑히 웃었다.
"……."
"……."

동혁이도 덩달아 웃는 체하다가 속으로 갑갑해 못 견디겠다는 듯이
다시금 벌떡 일어선다. 한참 동안이나 신 부리로 바위를 툭툭 걷어차기
도 하고 돌멩이를 집어 팔매도 치면서도 무슨 생각에 잠겼다가 비상한
결심을 한 듯이 다시 돌아와 영신의 앞에 가 바싹 다가앉으며 손가락
셋을 펴 들더니,
"자, 앞으로 3년만 더!"
하고 부르짖으며 영신의 턱밑을 치받치듯 한다.
"인제 3개년 계획만 더 세우구 노력하면 피차에 일터가 단단히 잡히
겠지요. 후진들헌테 일을 맡겨도 안심이 될 만큼 기초가 든든히 선
뒤에 우리는 결혼을 허십시다. 그리고는 될 수 있는 대루 좀더 공부
를 허면서 다시 새로운 출발을 허십시다!"
하더니 잠시 뜸을 들이다가,
"영신 씨! 그 때까지 기다려 주실 테지요, 네! 꼭 기다려 주실 테지요?"
하고 영신의 두 손을 꼭 잡고 으스러지도록 힘을 준다.
"3년 아니라 30년이래두…… 이 목숨이 끊……."
하는데 별안간 영신의 입술은 말끝을 맺을 자유를 잃었다. 지새려는 봄
밤, 잠 깊이 든 바다의 얼굴을 휩쓰는 쌀쌀한 바람이 쏴——하고 또
쏴——하고 타는 듯한 두 사람의 가슴에 벅차게 안긴다.

제3의 고향

'나의 경애하는 동혁 씨!'

영신이가 한곡리를 떠난 지 사흘 만에 온 편지의 서두에는 전에 단골로 쓰던 '존경'의 두 자의 높을 존자가 떨어지고 그 대신으로 사랑의 애자가 또렷이 달렸다.

무한한 감사와 가슴 벅찬 감격을 한아름 안고 무사히 저의 일터로 돌아왔습니다. 그 감사와 감격은 무덤 속으로 들어간 뒤까지라도 영원히 영원히 잊지 못하겠습니다.

떠날 때에 바쁘신 중에도 여러분이 먼 길을 전송해 주시고 배표까지 사 주신 것만 해도 염치없는데, 꼭 배 안에서 뜯어보라고 쥐어 주신 봉투 속에 십 원짜리 지전 한 장이 들어 있는 것을 보고 놀랐습니다. 몇 번이나 다시 돌려보내려고 하였으나, 한창 어려운 고비를 넘는 농촌에서 십 원이란 큰 돈을 변통하기가 얼마나 어려우셨을 것을 알고, 또는 제가 떠나기 전날 밤에 이 돈을 남에게 취하려고 몇십 리 밖까지 가셨다가 늦게야 돌아오셨던 것이 이제야 짐작되어서 차마 도로 부치지를 못하였습니다. 몸 보할 약이라도 한 제 지어먹으라고 간곡히 부탁은 하셨지만, 백 원 천 원보다도 더 많은 이 돈을 저 한 몸의 영양을 위해서는 쓸 수 없습니다. 그대로 꼭 저금해 두었다가 가을에 지으려는 학원 마당 앞에 종을 사서 달겠습니다. 아침저녁 저의 손으로 치는 그 종소리는 저의 가슴뿐 아니라, 이 곳 주민들의 어두운 귀와 혼몽히 든 잠을 깨워 주고 이 청석골의 산천초목까지도 울리겠지요.

　나의 경애하는 동혁 씨!

　자동차가 닿은 정류장에는 부인 친목계의 회원들과 내 손으로 가르치는 어린이들이 수십 명이나 마중을 나와서 손과 치마꼬리에 매어달리며 어찌나 반가워서 날뛰는지 눈물이 자꾸만 쏟아지는 것을 간신히 참았어요. 더구나 계집아이들은 거의 십 리나 되는 산길을 날마다 두 번씩이나 나와서 자동차 오기를 까맣게 기다리다가 '우리 선생님 아주 도망갔다.' 구 홀짝홀짝 울면서 돌아가기를 사흘 동안이나 하였다고 합니다. 이 세상에서 어느 누가 그다지도 안타까이 저를 기다려 줄 사람이 있겠습니까? 이 변변치 못한 채영신이를 그다지도 따뜻이 품어 줄 고장이 이 세계의 어느 구석에 있겠습니까?

　나의 경애하는 동혁 씨!

　이번 길에 저는 고향 하나를 더 얻었어요. 한곡리는 저의 제3의 고향이 되고 말았어요. 저와 한평생 고락을 같이하기로 굳게굳게 맹세해 주신 당신이 계시고, 씩씩한 조선의 일꾼들이 있고, 친형과 같이 친절히 굴어 주던 건배 씨의 부인과 동네의 아낙네들이 살고 있는 곳이 어째서 저의 고향이 아니겠습니까? 저는 새로 얻어서 첫정이 든 고향을 꿈에라도 잊지를 못하겠습니다. 그리고 저의 가슴에 피를 끓이던 그 애향가의 합창을…….

　나의 가장 경애하는 동혁 씨!

　저는 행복합니다. 인제는 외롭지도 않습니다. 큰덕미 나루터의 커다란 바윗덩이와 같이 변함이 없으실 당신의 사랑을 얻고 우리의 발길이 뻗치는 곳마다 넷째 다섯째 고향이 생길 터이니 당신의 곁에 앉았을 때만큼이나 제 마음이 든든합니다.

저의 가슴은 오직 하나님께 대한 감사와 기쁨으로 충만합니다. 그러나 그와 동시에 이 몸의 책임이 더한층 무거워진 것을 깨닫습니다. 청석골의 문화적 개척사업을 나 혼자 도맡은 것만 하여도 이미 허리가 휘도록 짐이 무거운데 우리 사랑을 완성할 때까지 불과 3년 동안에 그 기초를 완전히 닦아 놓자면 그 앞길이 창창한 것 같습니다. 양식 떨어진 사람이 보릿고개를 넘기는 것만큼이나 까마득한 것 같습니다. 그러나 저는 그런 생각이 들 때마다 '우리들은 가난하고 힘은 아직 약하나, 송백처럼 청청하고, 바위처럼 버티네.' 하고 애향가의 둘째 절을 부르겠어요!

나에게 다만 한 분이신 동혁 씨!

그러면 부디부디 건강히 일 많이 하여 주십시오. 그 동안 밀린 일이 많고 야학 시간이 되기도 전에 아이들이 몰려와서 오늘은 더 길게 쓰지 못하니 이 편지보다 몇 곱절 긴 답장을 하여 주십시오. 다른 회원들에게 안부 전해 주시고 건배 씨 내외분에게도 틈나는 대로 따로이 쓰겠습니다.

×월 ××일
당신께도 하나뿐인 채영신 올림

영신은 어머니에게와, 아버지가 혼인을 정해 준 남자에게도 편지를 썼다. 앞으로 몇 해 동안 결혼 문제 같은 것은 염두에도 두지 않겠고, 또는 이 뒤에라도 당신과는 이상이 맞지 않고 주의가 달라서 억지로 결혼을 한대도 결단코 행복스러운 생활을 할 수가 없겠으니, 이 편지를 보고는 아주 단념해 주기를 바란다는 최후의 통첩을 띄웠다.

동혁이와 30년 동안이라도 기다리겠다는 언약을 한 이상 연애니 결혼이니 하는 번거로운 문제로 새삼스러이 머리를 썩힐 시간도 없고, 그렇다고 그대로 질질 끌고 나가는 것은 여러 해를 두고 저를 유념해 온 상대자에게 대해서 매우 미안하기도 하였던 것이다.

　　한 일주일 뒤에야 어머니에게서는,

　'진정으로 네 생각이 그렇다면 인력으로 못할 노릇이나 딸자식 하나로 해서 이 어미는 죽어도 눈을 감지 못할 줄이나 알아다오.'

하는 대서 편지가 왔고 금융조합에 다니는 남자에게서는,

　'얼마나 이상이 높고 주의가 맞는 남자와 결혼을 해서 이 세상 복록을 골고루 누리며 사나 두고 보자. 아무튼 조만간 직접 만나서 최후의 담판을 할 테니 그런 줄 알라.'

는 저주 비슷한 회답이 왔다. 그 사람이야 다시 오건 말건 영신은 남이 억지로 짊어지워 준 무거운 짐을 벗어 버린 것만큼이나 마음이 거든하였다.

　'자, 이젠 일이다! 일하는 것밖에 없다. 앞으로 3년이란 세월을 지루하지 않게 보내기 위해서라도 힘껏 일을 하는 수밖에 없다.'

하고 제 몸을 스스로 채찍질하였다.

　　일주일 동안 한곡리에서 받은 자극도 컸거니와, 동혁이와 약혼을 한 것으로 말미암아 여간 큰 충동을 일으킨 것이 아니다. 그래서 청석골로 돌아온 뒤에도 며칠 동안은 일이 손에 잡히지를 않고 그 때까지도 흥분이 가라앉지를 않았다. 그러나 그 반면으로 건강은 아주 회복이 되어서 먼동이 훤하게 틀 때에 일어나 기도회에 참례를 하고 낮에는 학원을 지을 기부금을 모집하러 몇십 리 밖까지 다니거나, 그렇지 않으면 부인친목계의 계원들과 같이 발을 벗고 들어서서 원두밭을 매고 풀을 뽑고 하다가 저녁을 먹고 나면 그 자리에 쓰러지고 싶은 것을 간신히 참고 예배당으로 가야 한다.

가서는 서너 시간이나 아이들과 아귀다툼을 해 가면서 글을 가르치고 나오면 다리가 굳어 오르는 것 같고 고개를 꿇을 힘까지 빠져서, 길가의 잔디밭만 보아도 턱 누워 버리고 싶은 것을 간신히 참았다. 사숙하는 집까지 와서는 자리도 펼 사이가 없이 곯아떨어진다. 그렇건만 아침에 벌떡 일어나서 냉수에 세수를 하고 나면 새로운 용기가 솟는다. 아침마다 제 시간이 되면 동혁이가 부는 나팔 소리가 바람결에 들려오는 것 같아서, 더 좀 누웠을래야 누워 있을 수가 없었다.

아이들까지 놀 새 없는 농번기가 닥쳐왔건만 강습소의 아이들은 나날이 늘어 오 리 밖 십 리 밖에서까지 밥을 싸 가지고 다니고, 기부금이 단돈 몇 원씩이라도 늘어가고 친목계의 계원들도 지도하는 대로 한몸뚱이가 되어 한 사람도 마을을 다니거나 버정거리는 사람이 없이, 닭을 기르고 누에를 치고 또는 베를 짠다.

영신은 그러한 재미에, 극도로 피곤하건만 몸이 괴로운 줄을 모르고 하루 이틀을 보냈다. 사업이 날로 늘어가고 모든 성적이 뜻밖으로 좋아질수록 끼니때를 잊을 적도 있고, 심지어는 며칠씩 머리도 빗지 못하기가 예사였다.

그러나 틈이 빠끔하게 나기만 하면 동혁의 환영에게 정신이 사로잡히는 것은 어찌할 수 없는 일이었다. 그 바닷가의 기울어 가는 달밤……. 모래 위에 그 육중한 몸뚱이를 몸부림치며 사랑을 고백하던 동혁이……. 온 몸뚱이가 액체로 녹을 듯이 힘차게 끌어안던 두 팔의 힘……. 숨이 턱턱 막히던 불 같은 키스…….

영신은 그 장면이 머릿속에 떠오르기만 해도 가슴이 설레고 얼굴이 화끈화끈 달았다. 그날 밤 그 하늘에 떴던 달이나 별들밖에는 그 장면을 본 사람이 없으니 아무도 두 사람의 마음속의 비밀을 알 리 없건만, 그래도 동혁의 생각이 불현듯이 나서 멀리 남녘 하늘의 구름을 바라보고 섰을 때에는 곁에 있는 사람이 제 속을 뚫고 들여다보는 것 같아서 머리가 저절로 수그러들기도 여러 번 하였다.

동혁에게서는 꼭 일주일에 한 번씩 편지가 왔다. 사연은 간단한데 여전히 보고 싶다든지 그립다든지 하는 말은 한 마디도 없고, 다만 영신의 건강을 축수하는 것과, 새로 계획하는 일이나 방금 실지로 해 나가는 일이 어떻다는 것만은 문체도 보지 않고 굵다란 글씨로 적어 보내는 것뿐이었다.

그러나 영신은 그 편지를 틈틈이 꺼내 보는 것, 오직 그것만이 큰 위안거리였다.

그 동안 영신의 수입이라고는 경성연합회에서 백현경의 손을 거쳐 생활비 겸 사업을 보조하는 의미로 다달이 30원씩 보내 주는 것밖에 없었다. 원재 어머니라는, 젊어서 홀로 된 교인의 집 건넌방에 들어서 밥값 8원만 내면 방세는 따로 내지 않았다. 옷이라고는 그 곳 여자들과 똑같은 보병 것을 입고 겨울이면 학생 시대에 입던 헌 털자켓 하나가 유일한 방한구인데, 구두도 아니 신고 고무신을 끌고 다니니, 통신비 신문·잡지 대금 해서 10여 원만 가지면 저 한몸은 빠듯이 먹고 지낼 수가 있었다. 그래서 나머지 20원도 못 되는 돈으로 이태 전부터 강습소와 그 밖의 모든 경비를 써 온 것이다. 월사금을 한푼이라도 받기는커녕 그 중에도 어려운 아이들의 교과서와 연필·공책까지도 당해 주고, 심지어 넝마가 다 된 옷을 입고 다니는 것을 보면 장에 가서 옷감까지 끊어다가 소문 안 나게 해 입힌 것이 한두 벌이 아니었다. 더구나 아이들이 장난을 하다가 다치거나 배탈이 나든지 하면 으레 '선생님'을 부르며 달려오고, 나중에는 동네 사람들까지 영신을 무슨 고명한 의사로 아는지,

"채 선생님, 제 둘째 새끼가 복학을 앓는뎁쇼, 신효헌 약이 없습니

까?"

하고 찾아와서 손길을 마주 비비는 사람에,

　"아이구, 우리 딸년이 관격이 돼서 자반 뒤집기를 허는데, 제발 적선
　에 어떻게 좀 살려 줍쇼."

하고 발을 동동 구르는 얼굴도 모르는 여편네에, 낫으로 손가락을 베인
머슴에, 도끼로 발을 찍힌 나무꾼 할 것 없이 급하면 채 선생을 찾아온
다. 영신은,

　"이건 내가 성이 채가니까 옛날 채 동지가 여자루 태어난 줄 아우?"

하고 어이가 없어서 웃을 때도 있었다. 그러면서도 그네들을 하나도 그
대로 돌려보낼 수가 없어서 내복약도 주고 겉으로 치료도 해 주었다.
그러니 그 시간과 비용도 적지 않다. 붕대, 소독약, 옥도정기, 금계랍,
요오드포름 할 것 없이 근자에는 한 달에 약품값만 십 원씩이나 들었
다. 그래도 오히려 모자라는데, 그네들은 채 선생이 병만 잘 고치는 줄
아는 것뿐 아니라, 화수분이나 가진 것처럼 돈도 뒷구멍으로 적잖이 버
는 줄 아는 모양이다.

　보통 사람은 불러다 볼 생각도 못하는 공의가 그나마 사십 리 밖 읍
내에 겨우 한 사람이 있고, 장거리에 의생이 두어 사람 있다고는 하나,
옛날처럼 교군이나 보내야 온다니 이 근처 백성들은 무료로 치료를 해
주는 채 선생을 찾아올 수밖에 없는 것이다. 그래서 영신의 방이 어떤
때는 진찰실이 되고 벽장 속은 양약국의 약장 같았다. 나날이 명망이
높아 가는 '채 의사'는 병을 고쳐 주는 데까지 재미가 나서 빚을 얻어
가면서라도 급할 때 쓰는 약을 떨어뜨리지 않으려고 애를 썼다.

　아메바성 이질로 죽어 가던 사람이 에메틴 주사 한 대로 뒤가 막히
고, 가슴앓이로 펄펄 뛰던 사람이 판토폰 한 대로 진정이 되는 것은 여
간 신기하지가 않았다. 그래서 자연히 통속적인 의학과 임상에 관한 서

책도 보게 되고 실지로 의사의 경험도 쌓게 된 것이다. 그래서,

　'나는 하나님이 이 동리에 특파하신 사도다!'

하는 자존심과 자랑까지도 갖게 되었다. 그러나 수술을 해야 할 환자를 몇십 리 밖에서 업고 오고, 심지어 보기에도 더럽고 지겨운 화류병 환자까지 와서 치료를 해 달라고 엎드려 손이 닳도록 비는 데는 진땀이 났다. 그네들이 거절을 당하고 원망스러운 표정으로 돌아가는 것을 볼 때,

　'왜 내가 정작 의술을 배우지 못했던가.'

하고 탄식을 할 때도 많았고 동시에,

　'의료기관 하나 만들어 놓지를 않고 세금을 받아다간 뭣에다 쓰는 거야. 의사란 놈들이 있대두 그저 돈에만 눈들이 번하지.'

하고 몹시 분개하기도 한두 번이 아니었다. 그뿐 아니라 영신은 이따금 재판장 노릇까지도 하게 된다. 아이들끼리 재그락거리는 싸움은 달래고 타이르고 하면 판정이 되지만 어른들의 싸움, 그 중에도 내외싸움까지 판결을 내려 달라는 데는 기가 탁 막힐 노릇이었다.

　어느 비오던 날은 딱정떼로 유명한 억쇠 어머니가 집에서 양주 간에 머리가 터지도록 싸우다가, 영감쟁이의 멱살을 추켜쥐고 영감쟁이는 마누라의 머리채를 꺼두르며 씨근벌떡거리고 와서는,

　"아이고 사람 죽겠네, 채 선생님. 이 경칠 놈의 영감을 어떡허면 튀전을 못하게 맨듭니까? 술 못 먹게 허는 약은 없습니까?"

하면, 영감쟁이는 만경이 된 눈을 휘번덕거리며,

　"아이구 이 육실헐 년, 버르장이를 좀 가르쳐 줍소."

하고 비가 줄줄 쏟아지는 진흙 마당에서 서로 껴안고 뒹굴며 한바탕 엎치락뒤치락하다가 버럭버럭 대드는 바람에, 영신은 어쩔 줄을 모르고 구경만 하다가 고만 뒷문으로 빠져 예배당으로 뺑소니를 친 때도 있었다.

한편으로 글을 배우러 오는 아이들은 거의 날마다 늘었다. 양철 지붕에 송판으로 엉성하게 지은 조그만 예배당은 수리를 못해서 벽이 떨어지고 비만 오면 천장이 새는데, 선머슴아이들이 뛰고 구르고 하여서 마루청까지 서너 군데나 빠졌다. 그것을 볼 때마다 늙은 장로는,

"흥, 경비는 날 곳이 없는데 너희들이 예배당을 아주 헐어내는구나. 강습이구 뭐구 인젠 넌덜머리가 난다."

하고 허옇게 센 머리를 내둘렀다. 더구나 새로 글을 깨친 아이들이 어느 틈에 분필과 연필로 예배당 안팎에다가 괴발개발 글씨도 쓰고 지저분하게 환도 친다. '신통이 개자식이라' '갓난이는 오줌을 쌌다더라' 하고 제 동무의 욕을 쓰기도 하고, 심지어 십자가를 새긴 강당 정면에다가 나쁜 그림까지 몰래 그려 놓기도 하여서, 그런 낙서를 볼 때마다 장로와 전도사는 상을 찌푸린다.

영신은 여간 미안하지가 않아서 하루에도 몇 번씩 그런 짓을 하지 말라고 입이 닳도록 타일렀다. 그러나 속으로는 제가 진땀을 흘리며 가르친 아이들이 하나 둘씩 글눈을 떠 가는 것이 여간 대견하지 않았다. 비록 나쁜 그림을 그리고 욕을 쓸망정 그것이 여간 신통치가 않아서,

"장로님, 저희두 따로 집을 짓고 나갈 테니 올 가을꺼정만 참아 줍시오."

하고 몇 번이나 용서를 빌었다. 그러면 변덕스러운 장로는 대머리를 어루만지며,

"원 채 선생, 별말씀을 다 허는구려. 다 하느님의 뜻대루 되겠지요. 그게 좀 거룩한 사업이오."

하고 얼더듬는다. 그럴수록 영신은 사글세집에 들어 있는 것만큼이나 불안스러워 하루바삐 집을 짓고 나가려고 안해 보는 궁리가 없었다.

그러나 원체 가난한 동리인데다가 그나마 돈이 한창 마른 때라 기부

금은 적어 놓은 액수의 10분의 1도 걷히지를 않고, 친목계원들이 춘잠을 쳐서 한 장치에 열서너 말씩이나 땄건만 고치금이 사뭇 떨어져서 예산한 금액까지 되려면 어림도 없다. 닭도 집집마다 개량식으로 쳤지만 모이를 사서 먹인 것과 레그혼 같은 서양 종자의 어미닭 값을 따지고 보면 계란 값과 비겨 떨어진다.

그러니 줄잡아도 오육백 원이나 들여야 할 학원을 지을 엄두가 나지를 않았다. 영신이가 하도 집을 짓지 못해서 성화를 하니까 다른 회원들은,

"급히 먹는 밥이 체헌다우. 우리 선생님두 성미가 퍽 급허셔."

하고 위로하듯 하기도 한두 번이 아니었다. 그럴수록 아이들은 한꺼번에 대여섯 명, 어떤 때는 여남은 명씩 부쩍부쩍 는다. 보통학교가 시오리 밖이나 되는 곳에 있고 간이학교라고 새로 생긴 것도 장터까지 가서야 있으니, 배움에 목마른 아이들은 등잔불로 날아드는 나비처럼 청석골로만 모여들 수밖에 없는 형세다. 요새 들어온 아이들까지 합하면 거의 1백30여 명이나 된다.

그러나 장소가 좁다는 이유로 한 아이도 더 수용할 수 없다고 오는 아이를 쫓을 수는 없다. 영신은 '아무나 오게' 하는 찬송가 구절을 입 속으로 부르며,

"오냐, 예배당이 터지도록 모여 오너라. 여름만 되면 나무 그늘도 좋고 달밤이면 등불도 일없다."

하고 들어오는 대로 받아서, 그 곳 보통학교를 졸업한 젊은 사람들의 응원을 얻어, 남자와 여자와 초급과 상급으로 반을 나누어 가르치기 시작하였다. 영신을 숭배하고 일을 도와주는 순진한 청년이 서너 명이나 되지만, 그 중에도 주인 집의 외아들인 원재는 영신의 말이라면 절대로 복종을 하는 심복이었다. 같은 집에 살기도 하지만 상급학교에는 가지

못하는 처지라 틈틈이 영신에게서 중등학과를 배우는 진실한 청년이다.

가뜩이나 후락한 예배당 안은 콩나물 기르는 것처럼 아이들로 빽빽하다. 선생이 비비고 드나들 틈이 없을 만큼 꼭꼭 찼다. 아랫반에서,

"'가' 자에 ㄱ허면 '각' 허구."

"'나' 자에 ㄴ허면 '난' 허구."

하면서 다리도 못 빼고 들어앉은 아이들은 고개를 반짝 들고 칠판을 쳐다보면서 제비 주둥이 같은 입을 일제히 벌렸다 오므렸다 한다. 그러면 윗반에서는 '농민독본'을 펴 놓고,

  잠자는 자 잠을 깨고
  눈먼 자는 눈을 떠라.
  부지런히 일을 하여
  살 길을 닦아 보세

하며 목청이 찢어져라고 선생의 입내를 낸다. 그 소리를 가까이 들으면 귀가 따갑도록 시끄럽지만 멀리 축동 밖에서 들을 때,

"아아, 너희들이 이제야 눈을 떠 가는구나!"

하며 영신은 어깨춤이 저절로 났다.

그러다가 어느 날 저녁때였다. 영신의 신변을 노상 주목하고 다니던 순사가 나와서 다짜고짜,

"주임이 당신을 보자는데 내일 아침까지 주재소로 출두를 허시오."

하고 한 마디를 이르고는 말대답을 들을 사이도 없이 자전거를 되집어 타고 가버렸다.

'무슨 일로 호출을 할까? 강습소 기부금은 5백 원까지 모집을 해도

좋다고 허가를 해 주지 않았는가?'

영신은 일이 손에 잡히지 않았다. 웬만한 일 같으면 출장 나온 순사에게 통지만 해도 그만일 텐데, 일부러 몇십 리 밖에서 호출까지 하는 것은 무슨 까닭이 붙은 일인지 도무지 알 수가 없었다.

영신이가 처음 내려오던 해부터 이 일 저 일에 줄곧 간섭을 받아 왔었지만, 강습소 일이나 부인 친목계며 그 밖에 하는 일을 잘 양해를 시켜 오던 터이라 더욱 의심이 나지 않을 수가 없었다.

별별 생각이 다 나서 영신은 그날 밤 잠을 자지 못하고 이튿날 새벽 밥을 지어 달래서 먹고는 길을 떠났다. 20리는 평탄한 신작로지만 나머지는 가파른 고개를 넘느라고 발이 부르트고 속옷은 땀에 젖었다.

……영신과 주재소 주임 사이에 주고받은 대화나 그 밖의 이야기는 기록하지 않는다. 그러나 호출한 요령만 따서 말하면,

'첫째는 예배당이 좁고 후락해서 위험하니 아동을 80명 이외에는 한 사람도 더 받지 말라는 것과, 둘째는 기부금을 내라고 돌아다니며 너무 강제 비슷이 청하면 법률에 저촉이 된다.'

는 것을 단단히 주의시키는 것이었다. 영신은 여러 가지로 변명도 하고 오는 아이들을 안 받을 수가 없다고 사정사정하였으나,

'상부의 명령이니까 말을 듣지 않으면 강습소를 폐쇄시키겠다.'

고 얼러메어서 영신은 하는 수 없이 입술을 깨물고 주재소 문 밖으로 나왔다. 그는 아픈 다리를 간신히 끌고 들어와서 저녁도 안 먹고 그날 밤을 꼬박 새우다시피 하였다.

'참자! 이보다 더한 것도 참아 왔는데, 이만한 일이야 참지 못하랴.'

하면서도 좀더 시원하게 들이대지를 못하고 온 것이 종시 분하였다. 그러나 혈기를 참지 못하고 떠들었다가는 제한받은 수효의 아이들마저 가르치지 못하게 될 것을 생각하고 꿀꺽 참았던 것이다. 아무튼 어길 수

없는 명령이매, 내일부터 1백30여 명 중에서 80명만 남기고 50명을 쫓아내야 한다.

"난 못하겠다! 차라리 예배당 문에 못질을 하는 한이 있드래도 내 손
으로 차마 그 노릇은 못하겠다!"

하고 영신은 부르짖으며 방바닥에 가 쓰러져 버렸다. 한참 동안이나 엎
치락뒤치락하며 홀로 고민을 하였다.

그는 불을 끄고 이불을 뒤집어쓰고 누웠다. 그러나 이제까지 갖은 고
생과 온갖 곤욕을 당해 오면서 공들여 쌓은 탑을 그 밑동부터 제 손으로
허물어뜨릴 수는 없다. 청석골 와서 몇 가지 시작한 사업 중에 가장 의
미 깊고 성적이 좋은 한글 강습을 도중에서 손을 뗄 수는 도저히 없다.

'어떡하면 나머지 50명을 돌려보낼꼬? 이제까지 두말없이 가르쳐 오
다가 별안간 무슨 핑계로 가르칠 수 없다고 한단 말인가?'

거짓말을 하기는 죽어라고 싫건만 무어라고 꾸며 대지 않을 수도 없
는 사세다. 아무리 곰곰 생각해 보아도 묘책이 나서지를 않아서 그는
하룻밤을 하얗게 밝혔다.

창밖에 새벽별이 차차 빛을 잃어갈 때, 영신은 소세를 하고 나와서
예배당으로 올라갔다. 땅 위의 모든 것이 아직도 단꿈에서 깨지 않아
천지는 함께 괴괴하다. 영신은 이슬이 축축이 내린 예배당 층계에 엎드
려 경건한 마음으로 기도를 올렸다.

"주여, 당신의 뜻으로 이 곳에 모여든 귀엽고 사랑스러운 어린 양들
이 오늘은 그 3분의 1이나 목자를 잃게 되었습니다. 다시 어둠 속에
서 헤매일 수밖에 없이 되었습니다! 주여, 그 가엾은 무리가 낙심하지
말게 하여 주시고 하나도 버리지 마시고 다시금 새로운 광명을 받을
기회를 내려 주시옵소서! 하루바삐 내려 주시옵소서! 오오 주여, 저의
가슴은 지금 메어질 듯합니다!"

영신은 햇살이 등 뒤를 비추며 그대로 떠오를 때까지 엎드린 채 소리 없이 흐느껴 울었다.

월사금 60전을 못 내고 몇 달씩 밀려 오다가 보통학교에서 쫓겨난 아이들이 그 날도 두 명이나 식전에 책보를 들고 그 학교의 모자표를 붙인 채 왔다.

"애들아, 참 정말 안됐지만 인젠 앉을 데가 없어서 받을 수가 없으니, 가을부터 오너라. 얼마 있으면 새 집을 커다랗게 지을 텐데, 그 때 꼭 불러 주마, 응."

하고 영신은 그 아이들의 이름을 적고는 등을 어루만져 주며 간신히 돌려보냈다. 그리고는 다른 아이들이 오기 전에 예배당으로 들어갔다.

잠 한숨 자지를 못해서 머리가 무겁고 눈이 빡빡한데 교실 한복판에 가서 한참 동안이나 실신한 사람처럼 우두커니 섰자니, 어찔어찔하고 현기증이 나서 이마를 짚고 있다가 다리를 허청 떼어 놓으며 칠판 앞으로 갔다.

그는 분필을 집어 가지고 교단 앞에서 3분의 1 가량 되는 데까지 와서는 동편 쪽 끝에서부터 서편 쪽 창 밑까지 한일자로 금을 쭉 그었다. 그리고 아이들이 오는 것을 기다렸다가 예배당 문을 반쪽만 열었다. 아이들은 여느때와 조금도 다름이 없이 재깔거리며 앞을 다투어 우르르 몰려 들어온다. 영신은 잠자코 맨 먼저 온 아이부터 하나씩 둘씩 차례차례로 분필로 그어 놓은 금 안으로 앉혔다. 어느덧 금 안에는 제한받은 팔십 명이 찼다.

"나중에 온 아이들은 이 금 밖으로 나가 앉아요, 떠들지들 말구."

선생의 명령에 늦게 온 아이들은 영문도 모르고,

'오늘은 왜 이럴까?'

하는 표정으로 선생의 눈치를 할끔할끔 보며 금 밖에 가서 쪼그리고 앉는다.

아이들에게 제비를 뽑힐 수도 없고 하급생이라고 마구 몰아내는 것도 공평치가 못할 듯해서, 영신은 생각다 못해 나중에 오는 아이들을 돌려보내려는 것이다. 나중에 왔다고 해도 시간으로 보면 불과 십 분 내외의 차이밖에 나지 않지만 그렇게 하는 도리 이외에 아무 상책이 없었던 것이다.

영신은 아이들을 다 들여앉힌 뒤에 원재와 다른 청년들에게 그 사정을 귀띔해 주었다. 그런 소문이 미리 나면 일이 더 복잡해질 것을 염려하였기 때문이었다. 그 말을 들은 청년들의 얼굴들은 금세 흙빛으로 변하였다.

"암말두 말구 나 허라는 대루만 장내를 잘 정돈해 줘요. 자세헌 얘긴 이따가 허께……."

청년들은 영신을 절대로 신임하는 터이라 입술을 지그시 깨물고 침통한 표정을 지을 뿐이다.

영신은 천천히 교단 위에 올라섰다. 그 얼굴빛은 현기증이 나서 금방 쓰러지려는 사람처럼 해쓱해졌다. 아이들은,

'선생님이 무슨 말을 하시려고 저러나?'

하고 저희들깐에도 보통 때와는 그 기색이 다른 것을 살피고는 기침 하나 안하고 영신을 쳐다본다.

영신은 입술만 떨며 얼른 말을 꺼내지 못하고 섰다. 사제 간의 정을 한 칼로 베어 내는 것 같은, 마룻바닥에 그어 놓은 금을 내려다보고 그 금 밖에 50여 명 아동이 옹기종기 모여앉아서 무슨 무서운 선고나 내리기를 기다리는 듯한 그 천진한 얼굴들을 바라볼 때, 영신은 눈두덩이 뜨끈해지며 목이 막혀서 말을 꺼낼 수가 없다. 한참 만에야 그는 용기

를 내었다. 그러다가 풀이 죽은 목소리로,

　"여러 학생들, 조용히 들어요. 오늘은 선생님이 차마 허기 어려운 섭
　섭한 말을 헐 텐데……."

하고 나서 다시 주저주저하다가,

　"저…… 금 밖에 앉은 아이들은 오늘부터 공부를……시킬 수가……없
　게 됐어요!"

하였다. 청천의 벽력은 무심한 아이들의 머리 위에 떨어졌다. 깜박깜박
하고 선생을 쳐다보던 수없는 눈들은 모두가 꽈리처럼 동그래졌다.

　"왜요? 선생님, 왜 글을 안 가르쳐 주신대유?"

　그 중에 머리가 좀 굵은 아이가 발딱 일어나며 질문을 한다.

　영신은 순순히 타이르듯이, 집이 좁아서 80명밖에는 더 가르칠 수가
없게 되었다는 것과, 올 가을에 새 집을 지으면 꼭 잊어버리지 않고 한
사람도 빼어 놓지 않고 불러 주마고 빌다시피 하였다.

　"그럼 입때꺼정은 이 좁은 데서 어떻게 아르켜 주셨시유?"

　이번엔 제법 목소리가 팬 남학생의 질문이 들어왔다. 영신은 화살에나
맞은 듯이 가슴 한복판이 뜨끔하였다. 그 말대답을 못하고 머리가 핑 내
둘려서 이마를 짚고 섰는데, 금 밖에 앉았던 아이들은 하나 둘 앉은 채
엉금엉금 기어서, 혹은 살금살금 뭉치면서 금 안으로 밀려들어오다가,

　"선생님! 선생님!"

하고 연거푸 부르더니 와르르 교단 위까지 뛰어오른다.

　영신은 50여 명이나 되는 아이들에게 에워싸였다.

　"선생님!"

　"선생님!"

　"전 벌써 왔에요."

　"뒷간에 갔다가 쪼금 늦게 왔는데요."

"선생님, 난 막둥이버덤두 먼첨 온 걸, 저 차순이두 봤에요."

"선생님, 내 낼버팀 일찍 오께요. 선생님버덤두 일찍 오께요."

"선생님, 저 좀 보세요! 절 좀 보세요! 인전 아침두 안 먹구 오께 가라구 그러지 마세요. 네! 네!"

아이들은 엎드러지며 고꾸라지며 앞을 다투어 교단 위로 올라와서 등을 밀려 넘어지는 아이에, 발등을 밟히고 우는 아이에, 가뜩이나 머리가 휑한 영신은 정신이 아찔아찔해서 강연상 모서리를 잡고 간신히 서 있다. 제 몸뚱이로 버티고 선 것이 아니라 아이들에게 포위를 당해서 쓰러지려는 몸이 억지로 떠받들려 있는 것이다.

"선생님!"

"선생님!"

아이들의 안타까운 부르짖음은 귀가 따갑도록 그치지 않는다. 그래도 영신은 눈을 내리감고 아랫입술을 지그시 깨물 뿐…….

"내려들 가!"

"어서 내려들 가거라!"

"말 안 들으면 모두 내쫓을 테다."

하면서 영신을 도와주는 청년들이 아이들을 끌어내리고 교편을 들고 을러메건만, 그래도 아이들은 울며불며 영신의 몸에 찰거머리처럼 달라붙어서 죽기를 기쓰고 떨어지지를 않는다.

영신의 저고리는 수세미가 되고 치마주름까지 주르르 터졌다. 어떤 계집애는 다리에다 깍지를 끼고 엎드려서 꼼짝을 못하게 한다.

영신은 터진 치마폭을 휩싸쥐고 그제야,

"놔라, 놔! 애들아, 저리들 좀 가 있어. 온 숨이 막혀서 죽겠구나!"

하고 몸을 뒤틀며 손과 팔에 매어달린 아이들을 가만히 뿌리쳤다. 아이들은 한번 떨어졌다가도 혹시나 제가 빠질까 하고 다시 극성스레 달라

붙는다.

이 광경을 본 교회의 직원들이 들어와서 강제로 금 밖에 앉았던 아이들을 예배당 밖으로 내몰았다. 사내아이, 계집아이 할 것 없이 어머니의 젖에서 억지로 떨어진 것처럼 눈이 빨개지도록 홀짝홀짝 울면서 또는 흑흑 흐느끼면서 쫓겨 나갔다.

장로는 대머리를 번득이며 쫓아 나가서, 예배당 바깥문을 걸고 빗장까지 질렀다. 아이들이 소동을 해서 시끄러워 골치가 아프거니와 경찰의 명령을 듣지 않다가는 교회의 책임자인 자기의 발등에 불똥이 튈까 보아 적잖이 겁이 났던 것이다.

아이들의 등 뒤에서 이 정경을 바라보던 영신은 깨물었던 눈물이 주르르 흘러내렸다. 영신은 그 눈물을 아이들에게 보이지 않으려고 소매로 얼굴을 가리며 돌아섰다.

한참이나 진정을 하고 나서는, 저희들깐에도 동무들을 내쫓고 공부를 하게 된 것이 미안쩍은 듯이 머리를 떨어뜨리고 앉은 나머지 여든 명을 정돈시켜 놓고, 차마 내키지 않는 걸음걸이로 칠판 앞으로 갔다.

그는 새로운 과정을 가르칠 경황이 없어서,

"오늘은 우리 복습이나 허지."

하고 교과서로 쓰는 '농민독본'을 펴 들었다. 아이들은 글자 모으는 법을 배운 것을 독본에 있는 대로,

"누구든지 학교로 오너라."

"배우고야 무슨 일이든지 한다."

하고 풀이 죽은 목소리로 외기를 시작한다.

영신은 그 생기 없는 아이들의 목소리가 듣기 싫은데, 든 사람은 몰라도 난 사람은 안다고 이가 빠진 듯이 띄엄띄엄 벌려 앉은 교실 한 귀퉁이가 휘언한 것을 보지 않으려고 유리창 밖으로 눈을 돌렸다.

창밖을 내다보던 영신은 다시금 콧마루가 시큰해졌다. 예배당을 두른 야트막한 담에는 쫓겨나간 아이들이 머리만 내밀고 주욱 매달려서 담 안을 넘겨다보고 있지 않은가? 고목이 된 뽕나무 가지에 닥지닥지 열린 것은 틀림없이 사람의 열매다. 그 중에도 키가 작은 계집애들은 나무에도 기어오르지를 못하고 땅바닥에 가 주저앉아서 훌쩍거리고 울기만 한다.

영신은 창문을 말끔 열어젖혔다. 그리고 청년들과 함께 칠판을 떼어 담 밖에서도 볼 수 있는 창 앞턱에다가 버티어 놓고 아래와 같이 커다랗게 섰다.

"누구든지 학교로 오너라."

"배우고야 무슨 일이든지 한다."

나무에 오르고 담장에 매어달린 아이들은 일제히 입을 열어 목구멍이 찢어져라고 그 독본의 구절을 바라다보고 읽는다. 바락바락 지르는 그 소리는 글을 외는 것이 아니라 어찌 들으면 누구에게 발악을 하는 것 같다.

그러한 상태로 얼마 동안을 지냈다. 그래도 쫓겨나간 아이들은 날마다 제시간에 와서 담을 넘겨다보며 땅바닥에 엎드려 손가락이나 막대기로 글씨를 읽으며 흩어질 줄 모른다. 주학과 야학으로 가르고는 싶으나 저녁에는 부인 야학이 있어서 번차례로 가르칠 수도 없었다.

'집을 지어야겠다. 무슨 짓을 해서든지 하루바삐 학원을 짓고 나가야겠다!'

영신의 결심은 나날이 굳어 갔다. 그러나 그 결심만으로는 일이 되지 못하였다. 그는 원재와 교회 일을 보는 청년들에게 임시로 강습하는 일을 맡기고는 청석학원 기성회 회원 방명부를 꾸며 가지고 다시 돈을 청하러 나섰다. 짚신에 사내처럼 감발을 하고는 오늘은 이 동리, 내일은 저 동리로 산을 넘고, 논길을 헤매며 단 10전, 20전씩이라도 기부금을

모으며 다녔다. 푹푹 찌는 삼복 중에 인가도 없는 심산궁곡으로 헐떡거리며 돌아다니자면 목이 타는 듯이 조갈이 나는 때도 많았다. 논 귀퉁이 웅덩이에 흥건히 고인 물을 손으로 떠서 마시기도 하고, 어떤 때는 긴긴 해에 점심을 굶어 시장기를 이기지 못하고 더운 김이 후끈후끈 끼치는 풀밭에 행려병자같이 쓰러져서 정신을 잃은 때도 있었다. 촌가로 찾아 들어가면 보리밥 한술이야 얻어먹을 수가 없는 것은 아니언만 굶으면 굶었지 비렁뱅이처럼,

"밥 한술 줍쇼."

하기까지는 자존심이 허락을 하지 않았던 것이다. 그러다가는 저녁까지 굶고 눈이 하가마가 되어서 캄캄한 밤에 하늘의 별만 대중해서 방향을 잡고 오는 날도 검숭 드뭇하였다.

집에까지 죽기를 기쓰고 기어 들어와 턱 눕는 것을 보면, 원재 어머니는,

"아이고 채 선생님, 이러다간 큰 병 나시겠구려. 사람이 성허구서야 학원집이구 뭣이고 짓지, 온 가엾어라. 아주 초주검이 되셨구려."

하고는 영신의 다리 팔을 주물러 주고, 더위를 먹었다고 영신환을 얻어다 먹이고 하였다.

그렇건만 기부금을 적은 명부를 펴 보면 하루에 40전, 50전, 끽해야 2, 3원밖에는 적히지를 않았다. 원재 어머니는 이태 동안이나 영신이와 한집에서 살고 밥을 해 주는 동안에 글을 깨치고 쉬운 한문까지도 알아보게 된 것이다. 그는 영신이의 감화를 받아 교회의 권사 노릇까지 하게 되었고, 영신이가 와서 발기한 부인 친목계의 서기 겸 회계까지 보게 되었다. 그래서 영신과 정도 들었거니와 그를 천사와 같이 숭앙하고 친절을 다하는 터이다.

청석골 강습소가 폐쇄를 당할 뻔하였다는 것과 기부금을 모집하러 다

닌다는 소식을 영신의 편지로 안 동혁은,

'――건강을 해치도록 너무 무리하게는 일을 하지 마십시다. 우리는 오늘만 살고 말 몸이 아니기 때문이외다. 그저 칡덩굴처럼 줄기차게 뻗어 나가고 황소처럼 꾸준하게만 우리의 처녀지를 갈며 나가면 끝나는 날이 있을 것입니다.'

하고 몇 번이나 간곡히 건강에 주의하라는 편지가 왔다. 그러나 그러한 편지는 도리어 달리는 말에게 채찍을 하는 듯 영신으로 하여금 한층 더 용기를 돋우게 하고 분발케 하는 원동력이 되었다.

그는 생각다 못해서 기부금을 10원이고 20원이고 적어 놓고 이 핑계 저 핑계로 내지 않는 근처 동리의 밥술이나 먹는 사람들을 다시 한 번 찾아다녔다. 그 중에도 번번이 따고 면회를 하지 않는 한낭청이란 부잣집에는,

'어디 누가 못 견디나 보자.'

하고 극성맞게 쫓아가서는 기어이 젊은 주인을 만나 보고 급한 사정을 하였다. 그러나,

"여보, 이건 빚졸리기버덤 더 어렵구려. 글쎄 지금은 돈이 없다는데 바득바득 내라니, 그래 소 팔구 논 팔아서 기부금을 내란 말요? 온, 우리 집 자식들이 한 놈이나 강습손가 하는 델 댕기기나 허나?"

하고 배를 내민다. 영신은 참다 못해서 속으로,

'에에끼, 제 배때기밖에 모르는 놈 같으니, 그래도 술 담배 사먹는 돈은 있겠지.'

하고 사랑마당에다가 침을 탁 뱉고 돌아설 때도 있었다. 이래저래 영신은 근처 동리의 소위 재산가 계급에는 인심을 몹시 잃었다.

"어디서 떠들어온 계집이 그 뻗세야. 기부금에 병풍상성을 해서 쏘댕
기니 온, 나중엔 별꼴을 다 보겠군."
하고 귀먹은 욕을 먹었다. 그와 동시에 주재소에서는 주의를 시켰는데
도 또 기부금을 강청한다고 다시 말썽을 부리게 되었다.

불개미와 같이

청석골에서 한 십 리나 되는 흑석리라는 동리에 그 근처에서 제일가는 부명을 듣는 그 한낭청 집에서는 주인 영감의 환갑잔치가 열렸다. 한낭청은 한곡리의 강 도사 집보다 몇 곱절이나 큰 부자로(천석도 넘겨 하리라는 소문이 난 지도 여러 해나 되었다) 근처 동리를 호령하는 지주다.

"큰 소를 한 마리나 잡어 엎었다더라."

"읍내서 기생허구 광대를 불러다가 소리를 시키고 줄을 걸린다더라⋯⋯."

인근 각처에 소문이 굉장히 퍼졌다. 청석골서도 그 집의 논을 하는 작인들은 물론 갓을 빌려 쓰고 두루마기를 입은 늙은 축들이 십여 명이나 떼를 지어 구경을 갔다. 여편네들도 풀을 세게 먹여서 버석거리는 치마를 뻗질러 입고 그 뒤를 따랐다. 소를 통으로 잡아 엎고 기생 광대까지 놀린다는 것은 이 궁벽한 시골에서 구경거리에도 주린 그네들에게 몇십 년에 한 번 만날지 말지 한 좋은 기회다.

떵기덩 떵더꿍

닐리리 닐리리 쿵다쿵

한낭청 집 넓다란 사랑마당 큰 느티나무 밑에는 차일을 치고 마당 양 귀퉁이에는 작수를 받치고 팔뚝 같은 굵은 참빗줄을 팽팽히 켕겨 놓았는데, 갓을 삐딱하게 쓴 늙은 풍악잡이들이 북, 장구, 피리, 젓대, 깡깡이 같은 제구를 갖추어 풍악을 잡히기 시작한다. 주인 영감이 큰 상을 받은 것이다. 덧문을 추녀 끝에 추켜 단 큰사랑 대청에는 군수의 대리로 나온 서무주임 이하 면장, 주재소 주임, 금융조합 이사, 보통학교 교장 같은 양복쟁이 귀빈들은 물론, 인아친척이 각처에서 구름같이 모여들어서 툇마루 끝까지 그득히 앉았다. 교자상이 몫몫이 나와서 주전자를 든 아이들은 손님 사이를 간신히 비비고 다닌다. 읍내에서 자동차로 사랑놀음에 불려온 기생들은(기생이라야 요릿집으로 팔려 온 작부지만) 인조견 남치마에 무릎을 세우고 앉아서 풍악에 맞추어,

　　만수산 만수봉에 만년장수 있사온데
　　그 물로 빚은 술을 만년배에 가득 부어
　　이삼 배 잡수시오면 만수무강하오리다

하고 권주가를 부른다.
　주인의 오른편에서 노랑수염을 꼬아 올리고 앉았던 면장은,
　"사, 긴상 드시지요. 사, 이께다상……."
하고 커다란 은잔을 들어 주인과 주재소 수석에게 권한다. 십여 년이나 면장 노릇을 하면서도, 한 획 가로 긋고 두 획 내리 그은 것이 '사(ナ)'자인 줄도 모르건만 긴상, 복상은 곧잘 부를 줄 안다. 달리 부를 수가 있는 자리에도 '상' 자를 붙이는 것이 고작 가는 존대가 되는 줄 아는 모양이다.
　난홍이라고 부르는 기생은 잔대를 들고 노란 치잣물 같은 약주가 찰찰 넘치는 잔을 들어 손들이 권하는 대로 주인 영감에게 받들어 올린다. 한낭청은 반백이 된 수염을 좌우로 쓰다듬어 올리고 그 술이 정말

불로장생인 신약이나 되는 듯이 높이 들어 쭉 들이마시곤 한다.

깍짓동처럼 뚱뚱해서 두 볼의 군살이 혹처럼 너덜너덜하는 한낭청에게 버드나무 회초리 같은 계집들이 착착 부닐면서 아양을 떠는 것도 한 구경거리다.

이윽고 풍류 소리와 함께 헌화하는 소리와 웃음거리가 일어난다. 술 주전자를 들고 혹은 진 안주 마른 안주를 나르는 사내 하인과 계집 하인이 안중문으로 풀방구리에 쥐 드나들듯 하는 동안에 주객이 함께 술이 취하였다.

아침부터 안대청에서 자녀들이 헌수하는 술을 마시고 거나하게 취해 나온 한낭청은 사방 30센티미터나 됨직한 얼굴이 당호박처럼 시뻘겋게 익었다. 그 얼굴에다 조그만 감투를 동그마니 올려놓은 것이 족두리를 쓴 것 같아서 기생들은 아까부터 저희끼리 눈짓을 해 가며 낄낄거리고 웃었다.

주인과 늙은 손들은 무릎장단을 치며 시조를 부르다가 서로 수염을 꺼두르며 희롱을 하기 시작하고, 체면을 차리고 도사리고 앉았던 면장도 분을 횟박같이 뒤집어쓴 기생들의 뺨을 손등으로 어루만지며 음탕한 소리까지 하게 되었다.

"여봐라, 큰애 어디 갔느냐?"

한낭청은 위엄 있게 불렀다. 뒤처져 온 손들의 주안상을 분별하던 큰아들이 올라와 두 손길을 마주 잡았다.

"여민동락이라니, 저 손들두 얼른 내다 먹여라. 취투룩 먹여. 오늘 내 집에 술이야 떨어지겠느냐."

하고는 뜰 아래에 쭈그리고 앉고, 혹은 멀찌감치 돌아서서 담배를 태우는 늙은 작인들을 턱으로 가리키며 분부를 내렸다.

머슴들은 바깥 마당에다가 멍석을 주욱 폈다. 막걸리가 동이로 나오는데 안에서는 고기 굽는 냄새가 코를 찌르건만 그네들의 안주는 콩나물에 북어와 두부를 썰어 넣고 멀겋게 끓인 지짐이와 시루떡 부스러기뿐이다.

그러나 그것도 매방앗간에 지난 밤부터 진을 치고 있던 장타령꾼들이 수십 명이나 와르르 달려들어 아귀다툼을 해 가며 음식을 집어 들고 달아났다.

삼현육각이 잦은 가락으로 '영산회상'을 아뢰고 광대가 막 줄을 타고 올라설 때였다. 구경꾼이 물결치듯 하는데, 거의 오륙십 명이나 됨직한 올망졸망한 아이들이 여선생의 인솔로 큰대문 안으로 들어온다.

그 여선생은 영신이었다. 학원을 지으려는 데만 열중한 그는 그 전날도 기부금을 거두려고 삼십 리 밖 장거리까지 갔다가 날이 저물어서, 그 곳 교인의 집에서 묵고 아침에 떠나서 오는 길에 서너 집이나 들르느라고 점심때도 겨워서 흑석리 동구 앞까지 당도하였다.

청석골에서 아직도 담을 넘겨다보며 글을 배우고, 땅바닥에 글씨를 익히고 하던 아이들은 점심을 먹으러 가는 길에 채 선생이 오는 것을 신작로서 먼발치로 보고는,

"애, 저어기 우리 선생님이 오신다."

한 아이가 외치자 여러 아이들은,

"선생님!"

"선생님!"

하고 부르며 앞을 다투어 달려왔다. 여기저기로 흩어져 가는 동무들까지 소리쳐 불러서 어느 틈에 삼사십 명이나 영신을 둘러쌌다. 비록 하루 동안이라도 떠나 있다가, 타동에서 만나니까 피차에 몇 달 만에 얼굴을 대하는 것만큼이나 반가웠다. 영신이가,

"너희들은 먼첨들 가거라. 난 저 기와집엘 댕겨갈 테니……"

하고 떼치려니까 아이들은,

"나두 가유."

"선생님, 우리두 갈 테유."

하고 뒤를 따른다. 영신은 그 집에 오늘 잔치가 벌어진 줄을 까맣게 몰랐건만, 어른들에게 말을 들은 아이들은 선생님이 한 부잣집 잔치에 청좌를 받고 가는 줄만 여기고 속셈으로는 음식을 얻어먹으려고 기를 쓰고 대서는 것이다.

한낭청은 체면에 못 이겨서, 또는 취중에 자기 손으로 50원이나 적었었다. 그런 지가 벌써 돌이 돌아오건만, 요리조리 핑계를 하고 오늘날까지 한푼도 내지를 않아서 요전번처럼 영신에게 창피까지 당하였다.

50원짜리가 가장 큰 머리라, 영신은 그 돈으로 우선 재목이라도 잡아보려고 십여 차나 그 집 문지방을 닳린 것인데, 근자에 와서는 부자가 다 안으로 피하고 만나 주지도 않을뿐더러 도의원 후보자로 군내에 세력이 당당한 한낭청의 맏아들은 채영신이가 기부금을 강청해서 주민들의 비난하는 소리가 높다고 경찰서에 가서 귀를 불었기 때문에 영신이가 주재소에까지 불려가서 설유를 톡톡히 받았었고, 강습하는 아동이 제한당한 것만 하더라도 그 여파인 것이 틀림없었다. 그럴수록 영신은,

'어디 누가 견디나 보자.'

하고 단단히 별러 오던 터인데, 가는 날이 장날이라고 하필 한낭청의 환갑날 또다시 찾아가게 된 것이다. 그 집에 잔치가 있어서 동네 어른들도 많이 갔다는 말을 비로소 아이들에게 들은 영신은,

'옳다꾸나, 마침 잘됐다. 오늘이야 설마 아니 만나지 못하겠지.'

하고 아이들이 따라오는 것을 굳이 말리지는 않았다.

'여차직하면 만인좌중에 그 돼지 같은 영감쟁이 고작을 들었다 놓으리라.'

하고는 일종의 시위운동도 될 듯해서 조무라기는 쫓아 보내고 머리 굵은 아이들을 20명 가량만 추렸다. 그러나 큰 구경이나 빼어놓고 가는 줄 알고,

"나두 나두."

하고 계집아이들까지 중간에서 행렬에 달라붙고 하여서 그럭저럭 오륙십 명이나 따라오게 된 것이다. 영신은,

"그 집에서 음식을 주드래두, 너희들은 받어 먹거나 싸갖구 가선 안 된다."

하고 단단히 단속을 하였다. 그러면서도 한낭청 집의 솟을대문이 바라다보이는 큰 마당터까지 와서는,

'칩칩하게 음식이나 얻어먹으러, 애들까지 데리고 오는 줄이나 알지 않을까? 아무튼 그 집의 경삿날인데 우르르 몰려가는 건 체면상 좀 재미적은걸.'

하고 두 번 세 번 돌아설까 망설였다.

'가뜩이나 나를 못 믿겠다는데, 아주 상스런 여자나 흑작질꾼으로 치부를 하면 어떡하나?'

하고 뒤를 사리려고 하다가,

'계획적으로 하는 일이 아닌 담에야 내친 걸음에 여기까지 왔다가 돌아서는 것도 비겁하다.'

하고 용기를 돋우어 가지고 대문 안으로 들어섰던 것이다. 집 안은 온통 잔치 분위기에 들떠서 소란스럽기 이를 데 없다.

광대는 꽃부채를 펴들고 몸을 꽂으면서 줄을 타고 앉았다 일어섰다 용춤을 추다가, 아래서 어릿광대가,

"여봐라, 말 들어라."

하고 먹이면 줄 위의 광대는,

"오오냐, 말만 던져라."
하면서 재담을 주고받는다.

　　높은 산 눈 날리듯
　　얕은 산에 재 날리듯
　　억수장마 비 퍼붓듯
　　대천바다 조수 밀듯

하고 이 댁에 돈과 곡식이 쏟아지고 밀려들라고 덕담을 늘어놓으면, 기생들은 대청 위에서,

　　얼시구 좋다 절시구
　　지화자 좋다 저리시구

하고 팔을 벌리고 어깨를 으쓱거리며, 아장아장 주인의 앞으로 대섰다 물러섰다 하면서 덩실덩실 춤을 춘다.
　그 판에 영신의 일행은 사랑대문 안으로 들어갔다. 만당의 빈객들은,
　"이거 별안간 웬 아이들야?"
하고 서로 술취한 얼굴을 돌아다보는데 줄 위에 오른 광대는 아이들이 발바닥 밑으로 우르르 달려드는 사품에 깜짝 놀라서 하마터면 발을 헛딛고 떨어질 뻔하였다.
　영신이도 잠시 어리둥절해서 당상 당하를 둘러보다가, 여러 사람의 눈총을 한몸에 받으면서 댓돌 아래로 다가섰다. 몹시 불쾌한 낯빛으로 '저 딱정떼가 또 뭐하러 왔을까?' 하고 영신의 행동을 말없이 보고 섰던 도의원 후보자는 여러 사람 앞이라 주인의 체모를 차리느라고 영신

의 앞으로 와서 형식적으로 머리를 숙여 보이며,

"아, 사이상이 어떻게 오셨습니까? 온 하두 정신이 숭숭해서 미처 청첩두 못했는데……."

하고 작은 사랑편으로 올라가라고 손바닥을 펴 대며 인도를 한다. 영신은 될 수 있는 대로 공손히 예를 하고는,

"네, 고맙습니다. 올라가지 않아도 좋습니다."

하고 마주 굽실거리다가 큰마루 위로 향해서 늙은 주인도 들으라는 듯이,

"우리는 불청객이올시다. 그렇지만 오늘 같은 경사스러운 날에 멀지 않은 동네에 살면서 주인 영감께 축하의 말씀 한 마디도 안 드릴 수가 없어서 오는 길에 아이들까지 이렇게 따라왔습니다."

하고 만취가 된 한낭청을 똑바로 쳐다본다. 늙은 주인은 정신이 몽롱한 중에도 영신을 알아본 듯 게게 풀린 눈자위로 마당 그득히 들어선 아이들을 내려다보더니,

"허어, 귀헌 손님들이로군. 조것들꺼정 내 환갑날을 어떻게 알었든고?"

하고 수염을 쓰다듬으며 매우 만족한 웃음을 웃고는,

"큰애 게 있느냐?"

하고 위엄 있게 큰 아들을 불러 세우더니, 아이들을 먹일 음식상을 차려 내오라고 명령한다.

"아니올시다. 우리는 음식을 먹으려고 오질 않았습니다."

하고 영신은 손을 내저었다. 젊은 주인은 어쩐지 형세가 불온해서 속으로는 적잖게 켕기건만,

"모처럼 이렇게 오셨는데, 도무지 차린 게 변변치 않어서……."

하고 어름어름하다가 돌아서며,

'저 숱한 애들을 뭘 다 노나 먹인담…….'

하고 군소리를 하며 안으로 들어갔다.

마루 위의 손들이 파흥이 된 것을 불쾌히 여기는 눈치를 채고 한낭청은 기둥을 붙들고 일어서며,

"아아니, 광대놈들은 뭘 하는 셈이냐?"

하고 역정을 낸다. 풍악 소리는 다시 일어나고 광대는 비실거리며 줄을 걷는다. 마당 가장자리에 조옥 둘러앉은 아이들은 광대가 줄을 타고 달리다가 뒷걸음을 쳤다가 하는 것을 정신없이 쳐다본다. 그 중에도 계집애들은 간이 콩알만해지는 듯,

"에그머니! 저러다 떨어지면 어쩌나."

하고 아슬아슬해서 손에 땀을 쥔다. 영신이도 광대가 줄을 타는 것을 처음 보아서 그 편을 쳐다보고 섰는데, 이 집의 머슴들은 장타령꾼과 머슴애들이 먹던 그릇을 말끔 몰아 가지고 들어갔다.

조금 뒤에는 그 사발 대접을 부시지도 않고 고명도 없는 밀국수에 장국 국물을 찔끔찔끔 쳐 가지고 나와서는 그나마 두세 명에 한 그릇씩 안긴다. 그것을 본 영신은 크나큰 모욕을 느끼고 금세 눈에서 불이 나는 듯 두 손으로 허리를 짚으며,

"여보, 우린 그런 음식 안 먹소!"

하고 꾸짖듯 하고는 머슴들의 앞을 딱 가로막아 섰다.

어떤 아이는 일러준 말을 잊어버리고 국수 그릇에 손을 내밀다가 움찔하고 선생의 눈치를 살핀다.

"아, 왜 이러시나요? 준비한 건 없지만 주인 된 사람이 무언허군요."

젊은 주인은 영신의 기색이 심상치 않은 것을 보고 얼더듬는다. 그 태도는 기부금을 못 내겠다고 버티던 때와는 딴판이다.

한편에서는 배불리 얻어먹은 장타령꾼의 두목인 듯한, 부대조각을 두른 자가 안중문으로 들이대고 헛침을 퉤퉤 뱉더니,

"얼씨구 들어왔네, 품 품 바바바. 작년에 왔던 각설이 죽지두 않고 또 왔소…… 냉수동이나 마셨느냐, 시원시원 잘두 헌다. 뜨물동이나 들이켰나 걸직걸직 잘두 한다."

하고 곤댓질을 하니까, 머리를 충충 땋아 늘인 총각 녀석이 뒤를 대어,

"에——하늘 천자를 들구 봐, 자시에 생천하니 호호탕탕 하늘 천, 축시에 생시하니 만물창생 따아 지."

하고 천자 뒷풀이를 청승맞게 한다.

광대는 줄에서 뛰어내려 땅재주를 훌떡훌떡 넘다가,

"사부댁 존전에 그저 처분만 바랍니다."

하고 댓돌 위로 홍선을 펴 들고 기생들에게 눈짓을 슬쩍 한다. 기생들은 그 눈치를 약빨리 채고,

"아이고 영가암, 몇 장 처분해 줍쇼그려어."

하고 화롯가에 붙인 촛가락처럼, 이리 곤드라지고 저리 곤드라지는 양복쟁이들의 옆구리를 찌른다. 그것을 본 한낭청은,

"옜다, 그래라. 이런 때 돈을 못 쓰면 저승에 가 쓰겠느냐."

하고 새빨간 염낭을 끄르더니 지전 한 장을 집히는 대로 꺼내서 광대의 얼굴에다 끼얹듯이 내던진다. 가랑잎처럼 휘돌다가 댓돌 아래로 떨어지는 것은 언뜻 보기에도 1원짜리는 아니다. 어릿광대는 지전을 집어 들고 주인에게 수없이 합장을 하며 덩실덩실 춤을 추다가 그 수없는 사람의 손때가 묻은 지전을 입에다 물고 배운 재주는 다 부리는데, 대청 위에서는 기생들이 손들과 어우러져서 춤을 추기 시작한다.

그 광경을 물끄러미 바라다보고 섰던 영신의 눈은 점점 이상한 광채가 돌기 시작한다. 한낭청은 첩에게 부축이 되어 비틀거리며 안으로 들어가다가, 아이들이 그저 마당에 가 쪼그리고 앉은 것을 보고 혀꼬부라진 소리로,

"재 재들은 왜 여태 저 저러구 앉었느냐!"

하고 화경이 된 것 같은 두 눈의 흰자위를 굴리며 영신을 내려다본다.
영신은 마당 한복판으로 썩 나섰다.

"우리들이 댁에 뭘 얻어먹으러 온 줄 아십니까?"

그 목소리는 송곳끝 같다.

"그 그럼 뭐 뭘 하러 왔노?"

"돈을 하두 흔허게 쓰신다길래 여기 손수 적어 주신 기부금을 받으러
왔습니다!"

영신은 주인을 똑바로 쳐다보며 기부금 명부를 싼 책보를 끄른다. 낭
청은,

"기부금? 아 그래 쇠털 같은 날에, 하 하필 오늘 같은 날 성군작당을
하구 와서 내란 말야? 기 기부금에 거 걸신이 들렸군."

하고 사뭇 호령을 하고는 돌아서려고 든다. 영신은 뚱뚱보의 앞을 떡 가로막아 서며,

"안 됩니다. 오늘은 만나 뵌 김에 천하 없는 일이 있어두 받어 가지구야 갈 텝니다."

하고 야무지게 목소리를 높인다. 손님과 구경꾼들이며 기생, 광대 할 것 없이 어안이 벙벙해서 여선생을 주목한다. 영신은 마당 가득 찬 여러 사람을 향해서,

"여러분, 이런 공평치 못한 일이 세상에 있습니까? 어느 누구는 자기 환갑이라고 이렇게 질탕히 노는데, 배우는 데까지 굶주리는 이 어린 이들은 비바람을 가릴 집 한 칸이 없어서 그나마 길바닥으로 쫓겨났습니다. 원숭이 새끼처럼 담이나 나뭇가지에 매달려 글 배우는 입내를 내고요. 조 가느다란 손고락이 손톱이 닳도록 땅바닥에다 글씨를 씁니다!"

하고 얼굴이 새빨개지며 목구멍에 피를 끓이는 듯한 어조로,

"여러분, 이 아이들이 도대체 누구의 자손입니까? 눈에 눈물이 있고 가죽 속에 붉은 피가 도는 사람이면 그 술이 차마 목구녁으로 넘어갑니까? 기생이나 광대를 불러서 세월 가는 줄 모르구 놀아두 이 가슴이——양심이 아프지 않습니까?"

하고 부르짖으며 저의 앙가슴을 주먹으로 친다.

손들은 도가 넘도록 취했던 술들이 당장에 깬 듯, 서로 얼굴만 쳐다보는데, 한낭청은 어느 틈에 안으로 피해 들어가고 젊은 주인은 영신의 앞을 막아서며,

"사이상(채 선생)은 이거 어느 새 망령이시구려. 오늘 같은 날 참으시지요. 일이 잘못 됐으니 그저 참어 주세요. 그 돈은 저녁 안으루 꼭 보내 드리리다."

하고 말씨가 명주고름 같아지며 머리를 수없이 숙여 보인다.

영신은 흥분을 가라앉히느라고 숨만 가쁘게 쉬고 섰는데, 처음부터 누마루 한구석에 앉아서 영신의 행동을 노리고 내려다보던 주재소 수석의 눈은 점점 날카롭게 빛났다.

……그 날 저녁부터 일주일 동안이나 영신은 경찰서 유치장 마루방에서 새우잠을 잤다. 본서까지 끌려가서 구류를 당하던 경과며, 그 까닭은 오직 독자의 상상에 맡길 뿐이다.

동혁은 청석골이 가 보고 싶었다. 날이 가고 달이 바뀔수록 사랑하는 사람과 그가 활동하는 모양이 보고 싶었다. 날마다 이 일 저 일에 얽매여서 잠자는 시간밖에는 공상할 틈조차 없기는 하지만 일을 하다가도 길을 걷다가도 문득문득 영신의 생각이 나면, 손을 쉬고 발을 멈추고 넋을 잃은 사람처럼 멍하니 하늘을 쳐다보는 습관이 부지중에 생겼다.

'그가 꿈결같이 다녀간 지가 언제이던가.'
하면 적어도 사오 년은 된 성싶었다. 편지만은 끊임없이 내왕이 있었는데, 최근에는 웬일인지 열흘이 훨씬 넘도록 영신의 소식이 끊어져서 여간 궁금히 지내지를 않았다.

그러다가 일전에야 기다란 편지가 왔는데 한낭청이란 부잣집에 기부금을 거두러 가서 창피를 당하고 분풀이를 실컷 하다가 일주일 동안이나 고초를 겪었다는 것과, 앞으로는 기부금 명부에 이름을 적은 사람에게도 자발적으로 주기 전에는 독촉도 하지 못하게 되었고 예배당 문까지 닫으라고 딱딱 을러메는 것을, 간신히 양해를 얻기는 했으나 무슨 수단을 써서든지 청석학원 하나는 기어이 짓고야 말겠다고 새로운 결심을 보인 사연이었다. 그러면서도 한번 구경이라도 와 달라는 말은 비치지도 안한다. 반드시 청좌를 해야만 갈 것이 아니지만 그래도 혹시나

170 ▓심 훈

와 달랄까 하고 동혁은 편지마다 은근히 기다렸다. 그러나 오는 편지마다 판에 박은 듯한 사업 보고요, 고생하는 이야기뿐이다. 동혁은 그런 편지를 받을 적마다,

'나도 어지간히 버티는 패지만, 나보다도 한술 더 뜨는걸.'

하고 편지를 동댕이치는 때도 있었다.

가기만 하면야 반가이 맞아 줄 것은 물론이나, 사실 내왕 노자도 어렵고, 벼르고 별러서 간댔자 급한 볼일 없이 며칠 동안이나 버정거리다가 오기는 싱겁고 멋쩍은 일일 것 같았다.

첫째, 남자 친구를 찾아가는 것과 달라서 하룻밤이나마 묵을 데도 만만치 않을 듯하고, 둘이 함께 얼려다니고 마주 붙어 앉아 이야기라도 하면 노처녀인 영신이가 제가 당한 것보다도 갑절이나 부질없는 놀림을 받을 것도 상상되었다. 그래서,

'좋은 기회가 올 때까지 꾹 참자!'

하고 피차에 일하는 것밖에 다른 생각은 아주 책장을 덮어 두자고 몇 번이나 마음을 단단히 먹었다.

그러나 늙은 총각의 가슴속에 한번 호되게 붙어 당긴 사랑의 불길은 의식적으로 참고 억지로 누른다고 쉽사리 꺼질 리가 없었다. 시뻘건 정열이 휘발유를 끼얹듯이 확 하고 붙어 당길 때는 머리끝까지 까맣게 그슬릴 것만 같다. 그럴 때면,

'일이다, 일! 그저 들구 일만 하는 것이 그와 완전히 결합될 시기를 지루하게 기다리는 동안의 최면제도 되고 강심제도 된다.'

하고 식전부터 오밤중까지도 동네 일과 집안일로 몸을 얽매었다. 돈 있는 집 자식들이 몸뚱이가 아편쟁이처럼 비비틀리도록 무료한 세월을 술과 계집 속에 파묻혀서 보내려고 드는 것처럼……

그래도 억제하기 어려운 청춘의 본능이 피곤한 육체를 괴롭게 굴 때

에는 누웠다가 또 벌떡 일어나 밖으로 뛰쳐나갔다. 아랫도리까지 발가벗고 냉수를 끼얹고는, 엇 둘 엇 둘 하고 체조를 한바탕 하고 들어와서 이불을 푹 뒤집어쓰고 눈을 딱 감으면 한결 잠이 쉽게 들었다.

한편으로 그가 영신을 될 수 있는 대로 호의로써 이해하려는 것도 물론이다. 그만한 나이에 다른 여자들 같으면 몸치장이나 하기에 눈이 벌겋고, 돈 있고 소위 사회에 명망이 있는 신사와 결혼을 못하면 첩이라도 되어서 문화생활을 할 공상과, 그렇지 않더라도 도회지에서 땀 아니 흘리는 조촐한 직업도 없지 않건만 유독 '채영신'에게는 다만 한 가지 허영심이 있는 것을 잘 알고 있다.

'나는 못 속이지.'
하고 동혁이가 자신 있게 맥을 짚어 본 것은 다른 것이 아니다.

'청석학원을 온전히 저 한 사람의 힘으로 번듯하게 지어 놓고, 교장 겸 고스까이 노릇까지 하더라도 내가 이만한 사업을 하고 있노라.'
하고 백현경이나 다른 농촌운동자들에게 보여 주고, 애인인 저에게도 자랑하고 싶은 그 허영심만이 충만한 것이 틀림없으리라 하였다. 그러니까 자기의 사업이 기초는 어느 정도까지 잡혔더라도 외형으로 눈에 번쩍 띄는 것을 만들어 보여 주기 전에는 저를 청석골로 부르지 않으려는 그 여자다운 심리가 들여다보이는 것 같았다.

한곡리의 안산인 소대갈산 마루터기에, 음력 칠월의 초승달은 명색만 떴다가 구름 속으로 잠겼는데, 동리 한복판인 은행나무가 선 언덕 위에는 난데없는 화광이 여기저기 일어난다.

농우회의 열두 회원들은 단체로 일을 할 때면 입는 푸른 노동복 저고리를 입고 수건으로 머리를 질끈 동이고 모여 섰다. 동혁이 형제와 건배는 기다란 장대에 솜방망이를 단 것을 석유로 찍어 가며 넓은 마당을 밝히고 섰는데, 바람결을 따라 석유 그을음 냄새가 근처 인가에까지 훅 훅 끼친다.

"자, 시작허세!"

동혁의 명령이 한 마디 떨어지자, 회원들은 굵다란 동아줄을 벌려 잡았다.

에에 헤에라, 지경요——

열두 사람의 목소리가, 목구멍 하나를 통해서 나오는 듯 우렁차게 동네 한복판을 울리자, 커다란 지경돌이 반 길이나 솟았다가 쿵 하고 떨어지면서 잔디를 벗겨 놓은 땅바닥이 움푹움푹하게 패어 들어간다. 여러 해 별러 오던 회관을 지으려고 오늘 저녁에 그 지경을 닦는 것이다.

회원들의 마음은 여간 긴장되지 않았다. 자자손손이 대를 물려 가며 살려는 만년 주택을 짓기 시작하는 것과 조금도 다름이 없는 생각으로 자기네들이 웅거할 회관을 지으려는 것이다.

달구질 소리가 들리자, 야학을 다니는 아이들과 동네 사람들이 하나 둘씩 모여든다.

아직도 이 시골에는 누구나 집을 지으면 터닦는 날과 새를 올리는 날은 품삯을 받지 않고 대동이 풀려서 일을 보아 주는 습관이 있어서 회원들 외에 어른들과 아이들이 벌써 수십 명이나 들러붙었다.

에에 헤에라, 지경요——

에에 헤에라, 지경요——

고요한 바닷가의 저녁 공기를 헤치는 달구질 소리는 점점 더 커지는데, 큰말 편에서 징, 장구, 꽹과릴 두드리는 소리가 가까이 들려온다. 여러 사람들은 잠시 팔을 쉬고 그 편을 바라본다.

레인 코트의 허리띠를 졸라맨 기만이가 저의 집 머슴꾼이며 작인들을 말끔 풀어서 술까지 취토록 먹인 뒤에, 두레를 떡 벌어지게 차려 가지고 오는 것이다.

　높이 든 깃발은 선들바람에 펄펄 날리는데,

　깽무깽, 깽깽, 깽무 깽무 깨갱깽

　상쇠잡이가 앞장을 서고,

　떵떵 떵더꿍 떵기떵기 떵더꿍

　장구잡이는 뒤를 따른다. 징소리는 점잖이 꽈응꽈응 하고 이슬이 흠씬 내린 잔디밭과 들판으로 퍼지다가 사라지는 그 여운이 웅숭깊다.

　마중을 나선 솜방망이 불빛에, 컴컴한 공중으로 우뚝 솟아 너울거리며 다가오는 것은, 2등 3등까지 무등을 선 머리 땋은 아이들이 고깔을 쓰고 장삼자락을 펼치면서 나비처럼 춤을 추는 것이었다.

　터를 닦는 마당까지 올라오더니, 풍물 소리는 잦은 가락으로 볶아치기 시작한다.

　조금 있자, 풍물 소리를 듣고 성벽이 난 작은 말과 구영말에서도, 낮에 두레로 논을 매던 야학의 학부형들이 자비를 차려 가지고 와서는 큰 말 두레와 어울렸다.

　그럭저럭 언덕 아래는 머슴 설날이라는 이월 초하루나 추석날 저녁보다도 더 풍성풍성해졌다.

　각처 두레가 다 모여들어 한데 모였다 흩어졌다 하며 징, 꽹과리를 깨어져라고 두들겨대는데, 장구잡이도 신명이 나서 장구채를 이 손 저 손 바꾸어 치며 으쓱으쓱 어깨춤을 춘다.

　거북이라는 총각 녀석이 어둠침침한 소나무 밑에 가 쭈그리고 앉아서, 청승스러이 꺾어 넘기는 날라리 소리는 밤바람을 타고 바다 건너까지도 들릴 듯.

　잡이꾼들은 수구를 들고 장단을 맞추어 가며, 패랭이 위의 긴 상모를 돌리느라고 보는 사람까지 현기증이 나도록 곤댓짓을 한다.

"얼씨구 좋다, 어리시구!"

나중에는 구경꾼까지도 어깻바람이 나서 개구리처럼 들뛰면서 마른 흙이 뽀얗게 일도록 한바탕 북새를 논다.

그 광경을 바라보고 섰던 동혁은,

"야아, 오늘 밤은 우리가 산 것 같구나!"

하고 부르짖으며 징을 빼앗아 들고 꽝꽝 치면서 자비꾼 속으로 뛰어들었다. 키장다리 건배도 깃대를 꼬나들고 섰다가, 그 황새다리로 껑충껑충 춤을 추며 돌아다닌다. 다른 회원들도 어느 틈에 두레꾼 속으로 하나 둘씩 섞여 들어갔다.

아들이 동네 일만 한다고 눈살을 찌푸리던 동혁의 아버지 박 첨지도, 늙은 축들과 술이 거나하게 취해 가지고 와서는,

"아아니, 내가 옛날버텀 맡아논 좌상님인데 어떤 놈들이 날 빼놓구 논단 말이냐."

하고 난쟁이 쉼직하게 키가 작은 석돌이 아버지의 수염을 꺼두르며,

"여보게 꽁배, 어서 따라오게."

하면서 구경꾼을 헤치고 들어선다. 그는 석돌이 아버지와 술을 먹다가 풍물 소리를 듣고,

"내 자식놈이 둘씩이나 덤벼들어서 짓는 집인데 아비 된 도리에 안 가 볼 수가 있나?"

하고 기운이 나서 올라온 것이다. 박 첨지는 언덕 위에 올라서서 팔을 걷고 곰방대를 내두르며 목청을 뽑아 달구질 소리를 먹인다.

"산지조종은 백두산이요."

하고 내뽑으면 달구질꾼들은 그 소리를 받아,

"에에 헤에라, 지경요——"

하며 동시에 지경돌을 번쩍 들었다 놓는다.

"수지조종은 한강수라"

"에에 헤에라, 지경요——"

땅을 다지는 동네 사람들은 목이 쉬어 가는 줄도 모르는데, 그날 저녁 동혁은 젊은 사람과 조금도 다름없이 싱싱하고 씩씩한 아버지의 목소리를 생후 처음으로 들었다.

한 달하고도 보름이나 지났다.

그 동안 한곡리 한복판에는 커다란 새집 한 채가 우뚝하게 솟았다. 커다랗고 해야 두 칸 겹으로 폭이 열 칸쯤 되는 창고 비슷한 엉성한 집이지만, 이 집 한 채를 짓기에 회원들은 칠월 염천에 하루도 쉬지 않고 불개미와 같이 일을 하였다.

논에는 아시 두 번 호미질과 만물까지 하였고, 이제는 피사리만 하면 힘드는 일은 거의 끝이 난다. 그 동안에 한 달 반쯤은 농군들이 추수를 할 때까지 숨을 돌리는 농한기다. 그 틈을 이용해서 농우회관을 지은 것이다.

엄부렁하게나마 거의 20평이나 되는 집을 얽어 놓는데, 그 건축비가 불과 몇십 원밖에 들지 않았다면 누구나 놀라지 않을 수 없을 것이다. 그러나 그것이 사실이라 회원들끼리 거의 3년 동안이나 농사를 지어 모은 것과, 술·담배를 끊는 대신으로 다달이 얼마씩 저금을 한 것과 또는 돼지를 치고 이용조합에서 남은 것을 저리로 놓은 것을 거둬 모으면 거의 5백 원이나 된다.

이발부의 수입은 모았다가 동리서 공동으로 쓸 솜틀을 70여 원이나 주고 샀고, 포패조합을 만들어서(회원은 다 여자인데, 앞바다 건너 '안섬'에다 2년 작정을 하고 굴을 번식시킨 뒤에, 조합원끼리 따 먹고 장에 갖다 파는 권리를 가지는 것) 불가불 소용이 되는 조그만 나룻배를 40원 가량 들여서 지은 것밖에는 한 푼도 쓰지 않은 채 있었다.

그들 중에서 이 회관을 짓는 데는 50원도 다 들이지를 않았던 것이다.

첫째, 기지가 민유지라 땅값이 안 들었고, 재목은 단단해서 썩지도 않는 밤나무, 참나무, 아카시아나무 같은 것을 회원들의 집 앞이나 멧갓에서 베어 왔고, 수장목은 오동나무와 미루나무를 썼는데 '영치기 영치기' 하고 회원들끼리 목도질까지 해서 운반을 했으니 돈이 들 게 없었다.

터를 닦고 주춧돌을 박는 것부터 자귀질, 톱질이며, 네 울거미를 짜서 일으켜 세우고 새를 올리고, 윗가지를 얽고, 토역을 하는 것까지 전부 회원들의 손으로 하였다.

이엉을 엮을 짚도 농우회에서 연전부터 유념해 두었었는데 여러 사람이 입의 혀같이 봉죽을 들었거니와, 회원 중에 석돌이는 원체 지위(목수)의 아들인데다가 눈썰미가 있어서 수장은 물론 문짝까지 제 손으로 짜서 달았다. 품삯이라고는 한푼도 안 들었지만, 다만 화방 밑에 콘크리트를 하는 데 쓰는 양회와, 못이나 문고리며 배목 같은 철물만은 할 수 없이 돈을 주고 사다가 썼다.

그래서 다른 사람의 손을 빌리지 않고 거의 두 달 동안이나 열두 사람의 회원들이 땀을 흘린 기념탑이 우뚝하게 서게 된 것이다.

그러나 서투른 목수와 토역장이들이 얽어 놓은 집이라 장마를 치르고 나니까, 지붕이 새고 벽이 허물어져서 곱일을 하느라고 동혁이도 몇 번이나 코피를 쏟았다.

그랬건만 다 지어 놓고 보니 겉눈에 번듯하게 띄지는 않아도 거의 2백 명이나 되는 아이들을 수용할 수 있게 되었고, 엄부렁하게나마 헛간으로 쓸 모채까지 세웠는데, 안으로 들어가 보면 사무실, 도서실까지 오밀조밀하게 꾸며 놓았다. 도서실에는 기만이가 사서 기부한 《농업강의록》과 농촌운동에 관한 서책이 오륙십 권이나 되고, 동혁이가 보는 일간신문과 회원들이 돌려보는 《서울시보》, 《농민순보》 같은 정기 간

행물이며, 각종 잡지까지 대여섯 가지나 구비되어서, 회원들은 조그만 틈이라도 타면 언제든지 모여 와서 새로운 지식을 얻고, 세상이 어떻게 돌아가는 형편을 짐작할 수 있도록 차려 놓았다. 그리고 한편으로는 오락부를 새로 두었다.

'사철 일만 하는 우리의 생활은 너무나 빡빡하고 멋이 없다. 좀더 감정을 윤택하게 하고 모두 함께 즐기는 기회도 지어서, 활기를 돋우려면 적어도 한 가지 통일된 음악이 필요하다.'

는 견지에서 건배가 주장을 한 것이다.

그러나 그들의 말을 빌리면 콩나물대가리(보표라는 뜻) 하나도 알아보지 못하는 사람들이라 무슨 관현악대를 조직하는 것이 아니요, 우리 농촌에 재래로 있던 징, 꽹과리, 장구, 수구, 호적 같은 악기를 장만한 것이다.

"그런 건 천천히 장만해두 좋지 않은가. 날마다 뚱땅거리구 뚜들기면, 공청을 지어 놓고 놀려구만 드는 줄루 오해들을 허면 재미적으이……."

하고 동혁이가 반대를 하면,

"온 별소릴 다 허네. 자넨 구더기 무서워서 장두 못 당그겠네그려."

하고 건배는 기만이를 구슬러서 새로운 풍물 한 벌을 사들인 것이다. 그래서 회원들끼리만 자비꾼이 되어서, 노는 방식을 개량하고 두레를 노는 것까지도 통제를 하게 되었다.

"자, 우린 인제 낙성연을 해여지."

"추념이래두 내서 내일 하루만 실컨 놀아 보는 게 어떤가?"

"암, 좋구말구. 이새 저새 해두 먹새가 제일이라네."

"우리가 두 달 동안이나 집의 일을 내버려 두구설랑 그 뙤약볕에서 죽두룩 일을 했는데, 하루쯤 논다구 누가 시빌 허겠나."

"여보게 우리끼리만 암만 공론을 허면 소용이 있나? 우리 대장헌테 하루만 술을 트자구 졸라 보세. 건깡깽이루야 신명이 나야지."

"애당초에 그런 말은 비치지두 말게. 일전엔 동화가 또 몰래 주막엘 갔다가 성님한테 단단히 혼이 났다네."

얼굴이 새까맣게 그을다 못해서 오지그릇처럼 빤들빤들해진 회원들이 회관 한모퉁이에 모여 앉아서 새로 사온 풍물을 뚜드려 보다가 낙성연을 할 음모를 한다.

저녁때였다. 찌는 듯하던 더위가 한걸음 물러서고 축동 앞 미루나무에 쓰르라미 소리가 제법 서늘하게 들린다. 회원들은 서퇴도 할 겸 하나 둘씩 은행나무 아래로 내려가서 새벽한 흙이 채 마르지도 않은 집을 쳐다보고 앉았다. 그 집을 바라보는 그들의 기쁨은 형용할 수 없을 만큼이나 컸다.

"힘만 모으면 무슨 일이든지 되는구나! 땀만 흘리면 그 값이 저렇게 나타나고야 만다!"

그네들은 회관집 한 채를 짓는 데 단결의 힘이 얼마나 크다는 것과, 또 노력만 하면 그 결과가 작으나 크나 유형하게 나타난다는 것을 비로소 체험한 것이다. 동시에 움집 속에서 또는 남의 집 머슴사랑에서 구차히 모이던 때를 생각하니 실로 무량한 감개가 끓어올랐다.

'저게 내 손으로 지은 집이거니.'

하면 무한한 애착심도 느껴졌다. 그 집을 바라다보고 앉았으려면 끌구멍을 파다가 손가락을 다쳤거나, 사닥다리에서 떨어져서 허리를 삐고는 동침을 맞느라고 혼이 났거나, 중방과 도리를 잘못 끼다가 석돌이 녀석한테 핀잔을 맞았거나, 이러한 추억만 해도 여간 정다운 것이 아니다. 더군다나,

"자네 저 기둥감을 베다가 영감님한테 몽둥이 찜질을 당했지?"

"그건 약괄세, 이걸 좀 보게그려. 여태 이 지경이니."

하고 회원들 중에 제일 다부지고 땅딸보로 유명한 정득이가 헝겊으로 칭칭 감은 발을 끌러 보인다.

그것은 저의 집 산 울 안에 선 참죽나무를 밤중에 몰래 베다가 저의 아버지가 "도둑야!" 소리를 지르며 시퍼런 낫을 들고 쫓아 나오는 바람에, 어찌나 급해 맞았던지 담을 뛰어넘다가 탱자나무 가시에 발을 찔렸었다. 누렇게 곪긴 것을 그대로 끌고 다니며 일을 해서 그저 아물지를 못한 것이다.

사실 그네들이 부모와 동네 어른들의 반대 속에서 초가집 한 채를 짓기는 대궐 역사만큼이나 거창하고 어려운 일이었다.

"쉬이, 대장 올러오신다."

하고 정득이가 구렁이 지나가는 소리를 낸다. 동혁은 건배와 기만의 가운데 서서 올라온다.

기만은 여전히 건살포를 짚었는데, 오늘은 헬멧(박통 같은 모자)을 썼다.

"거기들 모여 앉어서 자네들 역적모의를 허나?"

건배도 그 넓적한 얼굴이 눈의 흰자위와 이빨만 남기고는 흑인종의 사촌은 될 만큼이나 그을었다.

"아닌게아니라, 우리끼리 무슨 비밀헌 공론을 했는데요……."

하고 석돌이가 세 사람의 눈치를 번갈아 본다.

"무슨 공론?"

동혁은 농립을 벗어 던지며 은행나무 뿌리에 가 걸터앉는다. 응달에서만 지낸 기만의 얼굴과 비교해 볼 때 동혁의 얼굴도 더한층 그은 것 같다. 손바닥이 부르터서 밤콩만큼씩 한 못이 박혔고 손톱은 뭉툭하게 닳았다.

"저어……."

하고는 석돌이가 뒤통수만 긁적거리니까,

"왜 목들이 컬컬헌 게지."

동혁의 말이 떨어지기가 무섭게,

"그러잖어두……."

하고 이번에는 칠룡이가 응원을 한다. 건배는 기만의 눈치를 보면서,

"아닌게아니라, 이기만 씨가 낙성연을 한번 굉장히 차리고 놀자는 데……."

하는 말이 끝나기 전에, 동혁은 손을 들어 건배의 입을 막는다.

"안 되네. 낸들 벽창호가 아닌 담에야 그만 생각이 없겠나? 허지만 말썽이 많은 판에 동네가 부산허게 떠들구 놀면 되려 오해를 받기가 쉬우이. 지금두 면장이 나와서 나를 보자구 헌대서, 큰마을에 갔다 오는 길일세."

하고 반대를 하였다.

"왜, 무슨 말썽이 생겼수?"

나중에 올라온 동화가 눈을 둥그렇게 뜨며 묻는다.

"차차 알지."

형은 자리가 거북한 듯이 대답하기를 꺼린다.

"우리 회에 상관이 되는 일이면 회원들두 다 알어야 헐 게 아니유? 면장이 우리 일에 무슨 참견이라우?"

"글쎄 뒀다 알어."

동혁은 기만의 등 뒤에다 눈짓을 해 보인다. 청년들의 일이라면 한사코 반대를 하는 기만의 형인 기천이가, 면장이 나온 김에 무어라고 음해를 한 것이거니 하고 동화와 다른 회원도 짐작은 하는 눈치다.

그러나 기만이는 형과 달라 이편을 들고 농우회의 일이라면 금전으로까지 후원을 많이 해 오는 터이지만, 아우가 듣는데 형의 욕은 할 수가

없었다.

또는 경우에 따라서는 초록은 동색이라고 저의 집에 이해관계가 되는 일이면 형에게 무어라고 연통을 할는지도 몰라서 항상 경계를 하고 있는 터이다.

동혁은 기천의 집에 다녀오는 길에 건배와 기만이를 만나서 같이 오기는 했어도 그들에게도 그 내용을 말하지 않았다. 건배는 탕탕 대포를 잘 놓는 대신에 말이 헤퍼서 비밀을 지킬 만한 일은 들려주기를 삼가지 않을 수 없었다.

회원들은,

'무슨 일이 단단히 생겼나 보다.'

하고 불안을 느끼면서도 더 재우쳐 묻지를 않고, 낙성하는 날 술 한잔도 못 먹게 하는 동혁이가 원망스러운 듯이 쳐다보다가 애매한 북과 장구만 두드린다.

기만이도 그 눈치를 챘건만, 이런 경우에 아무 말도 안하는 것은 도리어 여러 사람에게 오해를 살 듯도 해서,

"그런데 센세이(선생)가 또 뭐래?"

하고 들이대고 묻는다. 그래도 동혁은,

"그까짓 건 알어 뭘 허우. 우린 우리가 헐 일이나 눈 딱 감구 허면 고만이니까……."

하고 역시 자세한 말대답하기를 피한다. 기만이는 자리가 거북하니까 꽁무니에다가 손을 찌르고 간다는 말도 없이 슬금슬금 언덕 아래로 내려간다.

제가 하는 일을 반대하고, 양반을 못 알아보는 발칙한 놈들과 얼러다니고 돈을 쓰고 한다고 눈에 띄기만 하면 얼굴에 핏대를 올리며 야단을 치는 저의 형이, 면사무소나 주재소까지 가서 무어라고 쏘개질을 하고

온 것만은 묻지 않아도 짐작할 수가 있었던 것이다.

아무튼 농우회관을 짓게 된 뒤부터 가뜩이나 시기심이 많은 기천이가 두 눈에 쌍심지가 돋아서 그 태도가 부쩍 악화된 것만은 사실이었다.

동혁이가 입을 꽉 다물어 버리니까 다른 회원들도 어떠한 예감을 느끼면서도 말이 없다. 건배는 무슨 일인지,

"저기 좀 다녀옴세"

하고는 기만이의 뒤를 따라서 내려갔다. 조그만 일에도 궁금이 나면 안절부절을 못하는 성미라, 동혁이가 말을 하지 않으니까 혹시 기만이에게 들을 이야기나 있나 하고 그 속을 떠보려고 따라가는 눈치였다.

동혁은 한참이나 꿈쩍도 하지 않고 창호지로 새로 바른 들창이 석양에 눈이 부시도록 반사하는 회관을 쳐다보면서 무슨 생각을 골똘히 하다가 회원들을 돌아다보며,

"우리 낙성식두 못해서 피차에 섭섭헌데, 그 대신 뭐 기념될 일이나 해 볼까?"

하고 벌떡 일어선다.

"무슨 일요?"

하는 회원들의 얼굴에서는,

'간신히 오늘 하루나 쉬려는데 또 무슨 일을 하자누.'

하는 표정을 역력히 읽을 수 있다.

"그저 괭이허구 삽허구만 들구선 나만 따러들 오게나."

하고 동혁은 회관으로 올라가서 지붕을 이을 때면 쓰던 사닥다리를 둘러메더니, 산등성이를 넘는다. 회원들은 멋도 모르고 동혁의 뒤를 따랐다.

날이 어둑어둑해지고 매미, 쓰르라미 소리도 점점 엷어질 무렵에는 회관 앞마당에 턱 어울리도록 두 길 세 길이나 되는 나무가 섰다. 전나

무, 향나무, 사철나무 같은, 겨울에도 잎사귀가 떨어지지 않는 교목만 골라서 봄이나 가을에 심어야 잘 산다고 고집을 하는 회원들의 반대를 무릅쓰고 파다가 심은 것이다. 그것은 동혁이가 근처를 돌아다니며 미리 보아 두었다가, 나무 주인에게 파다 심을 교섭까지 해 두었던 싱싱한 나무들이었다.

새로운 회관에 들게 되는 날 아침에, 동혁이가 부는 나팔 소리는 더한층 새되고 씩씩하였다. 조기회원들이,

"엇둘! 엇둘!"

하고 체조를 하는 소리도, 애향가의 합창도, 전날보다 갑절이나 우렁찬 것 같았다.

새집을 구경도 할 겸 새로 닦아 놓은 운동장에서 체조를 하는 바람에, 그 동안 게으름을 부리던 조기회원들도 전부 다 오고 타동에서 온 구경꾼도 오륙십 명이나 빽빽하게 찼다.

오늘은 영신이가 조직해 주고 간 부인 근로회의 회원들도 십여 명이나 건배의 아내를 따라서 참례를 하였다.

아무에게도 낙성식을 한다고 광고를 한 것도 아니요, 건배는 무슨 일이든지 크게 버르집고 뒤떠들려고만 든다고 동혁이와 의견 충돌까지 되었지만, 오늘 아침만은 누구나 은연중에 농우회관에 낙성식을 거행하는 기분으로 모인 것이다. 그래서 여러 사람은 평소와 같이 조기회가 끝난 뒤에도 헤어지기가 섭섭한 듯이 어정버정하며 동혁을 바라본다. 그 눈치를 챈 건배는,

"여보게, 회원도 더 모집해야 할 텐데 여러 사람이 모인 김에 연설 한 마디 허게그려."

하고 동혁의 옆구리를 찌른다.

"그건 선전부장이 헐 일이지 왜 나더러 하라나?"

하고 동혁이가 사양을 하니까, 건배는 그 말을 못 들은 체하고 회관 정문 앞으로 나서더니,

"여러분, 잠깐만 기다려 주시오. 지금 이 회관을 짓자고 맨 먼저 발설을 했고 우리들을 헌신적으로 지도해 주는 박동혁 군이 여러분께 한 말씀 드리겠습니다."

하고 공포를 하고 나서는, '인젠 말을 하든지 말든지 나는 모른다.' 는 듯이 슬그머니 자리를 비켜선다.

운동장에서는 박수 소리가 일어났다. 동혁은 잠시 머뭇거리다가 '너 어디 두고 보자' 는 듯이 건배의 뒤통수를 흘겨보고는 회원들의 앞으로 나섰다.

엄숙한 태도로 여러 사람의 긴장된 얼굴을 둘러보다가,

"준비 없는 말씀을 드리게 됐습니다."

하고 한 마디 하고 나서 등뒤의 회관을 가리키며,

"이만한 집 한 채를 얽어 놓은 것이 결코 자랑할 거리는 되지 못합니다. 그렇지만 이 집을 지으려고 여러 해를 두고 별러 오다가 오늘에야 낙성을 하게 된 것을 여러분도 함께 기뻐해 주십시오. 다만 한 가지 자랑하고 싶은 것은 이 집은 연재 가락 하나, 짚 한 단까지도 회원들이 가져온 것이요, 목수나 미장이 한 사람 대지 않고 우리가 이 염천에 웃통을 벗어부치고 불개미처럼 참 정말 불개미처럼 두 달 동안이나 일을 했기 때문에 오늘날 이만한 집 한 채나마 우리 한곡리 한복판에 서게 된 것입니다. 그렇지만 이 집은 농우회원 열두 사람의 집이 아니요, 여러분이 유익하게 이용하시기 위해서 지어 놓은 집입니다. 그러니까 우리 한곡리의 공청, 즉 공회당으로 써 주시기 바랍니다."

하고 잠깐 눈을 내리감았다가 얼굴을 들고 목소리를 높여,

"여러분! 여러분은 이 말 한 마디만 머릿속에 깊이깊이 새겨 두십시오. '여러 사람 한맘 한뜻으로 그 힘을 한 곳에 모으기만 하면 어떠한 일이든지 이루어질 수가 있다.'는 것을, 우리는 여름내 땀을 흘린 그 값으로 이 신념 하나를 얻었습니다. 처음으로 귀중한 체험을 했습니다. 그와 동시에 '우리버덤 더 많은 사람이 똑같은 목적으로 모여서 꾸준히 힘을 써 나간다면 이버덤 더 어려운 일도 성공할 수가 있다.'는 것을, 이번 기회에 여러분과 함께 믿고저 하는 바입니다."

하고 부르짖고는 숨을 돌린 뒤에 목소리를 떨어뜨려,

"우리는 일을 크게 버르집고 겉으로 떠들기를 싫어합니다. 그래서 낙성식 같은 것도 하지를 않습니다마는, 그 대신 우리는 우리 동네 여러분께 좋은 음악을 들려 드렸다고 생각합니다. 집터를 닦는 달구질 소리, 마치질, 자귀질 허는 소리가 온 동리에 울리지 않았습니까? 저 소대갈산까지 찌렁찌렁 울리지 않았습니까? 그 소리가 무엇보다 훌륭한 음악입니다. 그것은 우리의 것을 무너 버리고 깨뜨려 버리는 파괴의 소리가 아니라, 새로 짓고 일으켜 세우는 건설의 소리이기 때문입니다. 우리는 그 소리가 어찌나 반갑고 기쁜지 조금도 괴로운 줄을 모르고 일을 했습니다."

동혁은 그 말에 매우 감격해하는 여러 사람의 얼굴을 둘러보다가,

"여러분! 이 집이 터지도록 우리의 장래의 일꾼들을 보내 주십시오! 아침저녁으로 글 배우는 소리가 그칠 때가 없도록 해 주십시오! 이 집이 꽉 차면 우리는 이 집버덤 더 큰 집, 또 그버덤두 더 굉장히 큰 집을 짓겠습니다."

그 말에 회원들은 손바닥이 뜨겁도록 박수를 한다.

그 때에 건배는 여러 사람의 앞으로 썩 나서면서,

"한곡리 만세!"

하고 두 팔을 번쩍 쳐든다.

"만세!"

여러 사람이 고함지르듯 하는 만세 소리에 새로 심은 사철나무에 앉았던 참새들이 깜짝 놀라 푸르르 날아갔다.

하루는 동혁이가 회관에서 주학을 마치고 나오는데(새집으로 옮겨 온 후 아이들이 부쩍 늘어서 주학까지 하게 되었다.) 석돌이가 문밖에 기다리고 섰다가,

"저 강 도사 댁 작은사랑 나으리가, 저녁때 잠깐 만나자고 하시는데요."

한다.

"왜?"

동혁은 불쾌히 대답을 하였다. 석돌이는 눈썰미가 있고 영리한 대신에, 얕은 꾀가 많아서 항상 경계를 하는 회원이다. 더구나 강 도사 집 전답에 수다 식구가 목을 매단 사람이어서 이 집에 심부름을 다니는 것은 물론, 박쥐 구실이나 하지 않는지가 의문이었다. 강 도사 집 살림살이의 실권을 쥔 맏아들인 기천이가 죽으라면 죽는 시늉이라도 해야 할 처지에 있는 까닭에 더욱 조심스러웠다.

"글쎄 왜 또 오라는 거야?"

동혁은 거듭 물었다.

"알 수 있어요? 조용히 꼭 좀 만나자구 일러 달라구 헙시니까요."

"누가 왔는가?"

"아니오, 혼자 계시는걸요."

"음, 알었네."

동혁은 확실한 대답을 아니하고 집으로 내려갔다.

기천이는 면협회원이요, 금융조합 감사요, 또 얼마 전에는 학교 비평

의원이 된 관계로 면장이 나와서 한곡리도 진흥회라는 것을 만들어서 그 회장이 되도록 운동을 해 보라고 권고를 하고 갔었다.

기천은 명예스러운 직함 하나를 더 얻게 된 것은 기쁘나 군청이나 면소에서 시키는 대로 무슨 일이든지 하는 체해야만 저의 면목이 서겠는데 제가 수족같이 부릴 만한 청년들은 말끔 동혁의 감화를 받고 그의 지도 밑에서 한몸뚱이와 같이 움직이고 있으니, 저는 개밥에 도토리 모양으로 따로 베껴났다. 저의 집의 논을 하고 돈을 쓴 낮살 먹은 작인들 같으면 마구 내리누르고 우격다짐으로 해도 그저 '잡어 잡수' 하고 꿈쩍도 못하지만 나이 젊고 혈기 있는 그 자질들은 까실까실해서 당초에 말을 들어먹지 않는다.

워낙 기천이가 대를 물려 가면서 고리대금과 장리벼로 동리 백성의 고혈을 빨아서 치부를 하였고, 주독으로 간이 부어서 누운 강 도사는 지금도 제버릇을 놓지 못한다. 당장 망나니의 칼에 목을 베이려고 업혀 가는 도둑놈이 포도군사의 은동곳을 이빨로 뽑더라는 격으로, 여전히 크게는 못해도 방물장수나 어리장수에게 몇 원씩 내주고 5푼 변으로 갚아모아서는 기직자리 밑에다가 깔고 눕는 것이 마지막 남은 취미다. 몇 해 전까지도 아들만 못지않게 호색을 해서 주막의 갈보, 행랑계집 할 것 없이 잔돈푼으로 낚아 들여서는, 대낮에 사랑덧문을 닫기가 일쑤더니 운신을 못할 병이 든 뒤에야 그 버릇만은 놓을 수밖에 없게 되었다. 저 혼자 사람의 뼈다귀인 것처럼 양반 자세가 대단해서 적실인심을 한 터이라, 새로운 시대에 눈을 뜨기 시작한 청년들은 기천이만 눈에 띄면, 무슨 노린내가 나는 짐승처럼 얼굴을 돌리고 슬금슬금 피한다. 그 중에도 성미가 부푼 동화는,

"조놈의 발딱 제치구 단기는 대가리는 여불없이 약올른 독사뱀 같드라."

하고 먼발치로 눈에 띄기만 해도 외면을 해 버린다. 그 아우는 노새라고 놀리기는 하면서도 '그래도 기만이는 강가의 중시조지' 하고 간신히 사람 대우를 하지만……

'또 무슨 얌치빠른 소릴 헐려누.'

하고 동혁은 집으로 돌아와서도 기천이를 보러 갈 마음이 내키지 않았다.

동화가 자꾸만 묻고 건배까지,

"왜 혼자만 꿍꿍이셈을 치나?"

하고 궁금히 여기는 일은 다른 것이 아니다. 면장이 왔던 날 기천이는 술상을 차려 놓고 동혁이를 청하였다. 그 날은 면장 앞이라 그런지 평소처럼 점잔을 빼고 사람을 깔보는 태도를 보이지 않으려고 애를 쓰면서,

"이 박군이야말로 참 대표적으로 건실헌 우리 동지입니다. 이번 그 회관 집만 허드래두 이 사람이 혼자 지은 거나 다름이 없으니까요."

하고 새삼스러이 동혁을 소개하였다. 소개가 아니라 이러한 모범 청년이 제 수하에서 일을 한다는 태도다. 동혁은 동지라는 말을 기만이 입에서 들을 때보다도 더 구역이 나서 입에도 대지 않은 술잔을 폭삭 엎어놓았었다. 그래도 기천이가 연방 동지를 찾으면서 하는 말을 종합해 보면,

"면장께서 바쁘신데도 일부러 나오신 건 다름이 아니라, 우리 동네도 진흥회를 실시해야 되겠는데 내야 어디 그런 일을 아는 사람인가? 허니 자네들이 힘을 좀 빌려 줘야겠네. 자네야 중요한 역원이 돼 줄 줄 믿지만 다른 젊은 사람들두 다 함께 회원이 돼서 일을 해 보두룩 허세."

하고 애가 말라서 간청을 하는 것이었다. 동혁은 생각해 볼 여지도 없이,

"난 헐 수 없에요. 우리 농우회 일만 해두 힘에 벅찬데 한 몸으로 두

  가지 일은 도저히 헐 수 없쇠다."

하고 딱 잡아떼고 일어섰다.

  동혁이가 이번에는 버티고 가지를 않으니까, 기천이는 호출장처럼 명함을 들려 집으로까지 머슴을 보냈다.

  "작은사랑 나으리께서 꼭 좀 건너오래유. 안 오면 이리루 오시겠다구
  그러세유."

하고 머슴애는 어서 일어나기를 재촉한다. 기천이는 면협의원이 되던 날 아침에 행랑 사람과 머슴들을 불러 세우고,

  "오늘버텀은 서방님이라구 그러지 말구 나으리라구 불러라."

하고 일장의 훈시를 하였던 것이다.

  동혁은 중문간 문지방에 걸터앉아서 입맛을 다시다가,

  "저녁 먹구 건너간다구, 가서 그러게."

해서 머슴을 보냈다. 가고 싶은 생각은 손톱끝만큼도 없지만 집으로까지 찾아온다는 것이 싫어서 가마고 한 것이다.

저녁 뒤에 그는 말대답할 것을 생각하면서 큰말로 발길을 옮겼다. 대문간에 들어서는데, 작은 사랑 툇마루에서,

"아 그래, 제깐 녀석이 명색이 뭐길래 내가 부른다는데 냉큼 오질 못
헌다드냐?"

하고 그 되바라진 목소리로 머슴애를 꾸짖는 소리가 똑똑히 들렸다. 동혁은 '나 여기 대령했소.' 하는 듯이 바로 지척에서 으흠으흠 하고 기침을 하고,

"저녁 잡수셨에요?"

하며 들어섰다. 기천은 도둑질이나 하다가 들킨 것처럼 움찔해서 반사운동으로 발딱 일어서기까지 하며,

"아, 자네 오나?"

하고 반색을 한다. 그 푼푼치 못하게 생긴 얼굴을 횟배 앓는 사람처럼 잔뜩 찌푸리고 있다가 뜻밖에 동혁이와 마주치는 순간 금세 반가운 낯으로 표변하는 표정 근육의 민첩한 움직임은 여간한 배우로는 흉내를 못 낼 것 같다.

"아 이 사람아, 난 여태 저녁두 안 먹구 기다렸네."

하는 것도 허물없는 친구를 대하는 태도다.

"그럼 시장허시겠군요."

하고 동혁은 할 말이 있으면 어서 하라는 듯이 툇마루 끝에 가 걸터앉았다. 방으로 들어가자는 것을,

"회관을 지은 뒤에 처음 총회가 있어서 곧 가 봐야겠에요."

하고 한사코 들어가지를 않았다. 방으로 들어만 가면 으레껀으로 술상이 나오고 술을 억지로 권할 것을 알기 때문이다.

"그럼 예서래두 한잔 해야겠네. 술을 입에두 안 댄다니 파계를 시키군 싶지만, 자넨 고집이 센 사람이 돼 놔서……."

하고 준비해 놓았던 술상을 내왔다.

술이란 저의 집에서 사철 떨어뜨리지 않고 밀주를 해먹는, 보기만 해도 고리타분한 막걸리 웃국이요, 안주라고는 언제 보아도 낙지 대가리 말린 것에 마늘장아찌뿐이다. 7, 8년이나 면서기를 다니는 동안에 연회석 같은 데서는 남이 태우다가 꺼 버린 궐련 꼬투리를 주워 피우면서도 '단풍' 한 갑 안 사 먹던 위인으로는 근래에 교제가 부쩍 늘어서 면이나 주재소에서 양복쟁이가 나오면 으레 술까지 내는 것이다.

"하아 이거, 사람을 앉혀 놓구서 '인호상이자작'을 허니 어디 맛이 있나?"

하고 《고문진보》 뒷다리나 읽어 본 티를 내지 못해서 애를 쓴다. 그러나 '숙습이 난당'이라고 써야 할 자리에 '수습이 난방이로군' 하는 따위가 예사여서, 정말 글방에서 종아리깨나 맞아 본 사람의 코웃음을 받는 때가 많다.

기천은 말을 꺼내기가 어려워서 술기운을 빌리려는 것이다. 사실 동혁의 앞에서는 무슨 말이고 함부로 꺼내기가 어려웠다. 농우회에도 다른 회원들 같으면 그 반수가 저의 논의 소작인이니까 여차직하면 '논 내놔라' 한 마디만 비치면 설설 기는 터이니 문제가 되지를 않고, 건배만 하더라도 키 크고 싱겁지 않은 사람이 없다고 원체 허풍선이가 돼서 술 몇 잔에 속을 뽑히는데, 농사처는 한 마지기도 없이 엉터리로 사는 사람이니까 돈을 미끼로 물려서 낚아 볼 자신도 있다. 그러나 유독 동혁이만은 그야말로 눈의 가시다. 천생으로 사람이 묵중해서 당최 뱃속을 들여다볼 수가 없는데, 근처에 없는 고등교육까지 받아서 마주 앉으면 제가 도리어 인금에 눌리는 것 같다.

기천은 다리를 도사리고 앉아서 고무신의 때가 고약처럼 묻은 버선바닥을 쓰다듬던 손으로 술잔을 들고 쪼옥 들이켜고는 족제비털 같은 노랑수염을 배비작거려서 꼬아 올리더니,

"좀 하긴 어려운 말일세만……."

하고 반쯤 외면을 한 동혁의 눈치를 곁눈으로 훑어본다.

"말씀허시지요."

동혁은 '또 무슨 말을 꺼내려고 이렇게 뜸을 들이나' 하면서도 들으나마나 하다는 듯이 어둑어둑해 가는 땅바닥만 내려다보고 앉았다.

기천은 실눈을 뜨고 손톱여물을 썰더니,

"자네 그 회관 짓기에 얼마나 들었나?"

하고 다가앉는다.

"돈이요? 돈이야 얼마 안 들었지요."

기천은 다리를 도사리고 고쳐 앉으며 용기를 내어,

"이런 말을 자네가 어떻게 들을는지 모르겠네만 진흥회가 생기면 회관이 시급히 소용이 되겠는데 당장 지을 수는 없구……. 거기가 동네 한복판이 돼서 자리가 좋아. 그러니 여보게, 거 어떻게 재목 값이든지, 품삯꺼정 넉넉히 따져서 내게루 넘길 수 없겠나? 자네들은 한 번 지어 봐서 수단이 났으니까, 딴 데다가 다시 지으면 고만일 테니. 자네 의향이 어떤가?"

하고 얼굴을 반짝 쳐든다. 너무나 얌치빠른 소리에 동혁은 어이가 없어서,

'얼굴 가죽이 간지럽지 않느냐?'

는 듯이 기천을 뻔히 쳐다보다가,

"왜, 돈 만원이나 내노실 텝니까?"

하고 껄껄껄 웃었다. 기천은,

"아아니 이 사람, 웃음의 말이 아닐세."

하고 금시 정색을 한다.

"글쎄 웃음의 말씀이 아니니까, 웃을 수밖에 없군요."

동혁은 별이 반짝이기 시작한 하늘을 우러러 다시 한 번 허청웃음을 웃었다.

"허어 이 사람 그래두 웃네그려. 그 집을 이문을 붙여서 팔라는데 실없이 웃을 게 뭐 있나?"

기천은 동혁이가 저를 놀리는 것 같아서 눈살을 찌푸린다.

"글쎄 생각을 좀 해 보세요. 그 집은 돈 아니라 금덩이를 가지구두 팔거나 사지를 못합니다. 돈만 가지면 무슨 일이든지 다 맘대루 될 줄 아시는 모양이지만, 억만 원을 주구두 남의 정신만은 사지를 못헐걸요. 그 회관은 팔려면 단돈 백 원어치두 못 될진 모르지만, 우리 열두 사람이 흘린 땀으로 터를 닦었구요, 붉은 정성으루 쌓어논 기념탑이니까요. 우리 손으루 부숴 버린다면 모르지만, 다른 사람은 아무도 그 집엔 손가락 하나 대지를 못헙니다!"

"아아니, 글쎄 그런 줄 모르는 건 아니지만, 혹시나 허구 한 말일세."

"혹시라뇨? 한 단체가 공동으로 합력을 해서 지어논 집을 나 한 개인이 팔아먹을 생각을 혹시나 허고 있는 것 같아서, 그런 가당치 않은 말씀을 끄내셨나요?"

이 한 마디에 기천은 그 빳빳하던 모가지가 자라목처럼 옴츠러들지 않을 수 없었다.

"……."

기천은 두 눈만 깜짝깜짝하고 담배를 붙여 물었다 비벼껐다 하며 속으로 안간힘만 쓰고 앉았다.

'돈으로도 굴레를 씌울 수 없는 이 젊은 녀석을 어떡하면 꼼짝 못하

게 옭아 넣을까?'

하고 벼르고 있는 것이다. 한곡리에서 대를 물려 가며 왕노릇을 해 오던 터에, 역시 대를 물려 가며 '소인 소인' 하고 저의 집 전장을 해먹던 상놈인 박가의 자식 하나 때문에 위신이 떨어지고 돈놀이 해먹는 세력까지 은연중에 꺾이는 생각을 하면 이가 뽀드득뽀드득 갈렸다. 그러나 자는 호랑이 코침 주기로 동혁이를 섣불리 건드렸다가는 열두 회원이 이해관계를 떠나서 벌떼처럼 일어날 듯한 데는 겁이 더럭 났다. 더구나 한번 심술만 불끈하고 나면 물불을 가리지 않고 덤벼드는 동화가 무슨 짓을 할는지 그것도 무서웠다. 동화에게는 두어 번이나 여러 사람들 앞에서 모양사나운 꼴을 당했기 때문이다.

더구나 근자에 와서 눈이 제자리에 박히고 귀가 바로 뚫린 사람이면 한곡리에서는 박동혁이가 중심이 되어 동리 일을 하고, 인망과 인심이 농우회원들에게로 쏠린 줄로 인정을 하는 데는 눈에서 쌍심지가 돋으리만큼 시기심이 났다. 그래서 어떠한 수단이든지 써서, 젊은 사람들이 하는 일을 헤살을 놓을 계책을 생각하느라고 밤이면 잠을 못 자는 것이다. 그러다가 장차 발기될 진흥회의 역원이 되어 달라고 간청을 해도 말을 안 들으니까, 그 회관을 몇백 원이라도 주고 매수를 할 꾀를 낸 것이었다.

동혁은 갑갑한 듯이,

"그만 가봐야겠어요."

하고 뻣뻣하게 한 마디를 하고 일어선다. 기천은 놓치면 큰일이나 날 듯이 동혁의 손을 잡고 매달리듯 하며,

"여보게 동혁이, 낫살이나 먹은 사람이라구 너무 빼돌리질 말게. 나두 동네 일이 허구 싶어서 그러는 게 아닌가?"

하고 사뭇 애원을 한다. 동혁은 잡힌 손이 냉혈동물의 몸에나 닿은 듯

이 섬뜩해서 슬며시 뿌리쳤다.

　기천은 또다시 실눈을 뜨고 무엇을 생각해 보더니,

　"그럼 자네들 회에 나 같은 사람두 회원이 될 자격이 있나?"

하고 마지막으로 타협안을 제출한다.

　"만 30세 이하의 남자로 회원 반 수 이상의 동의가 있어야 입회를 허락한다는 농우회의 규약이 있으니까요."

　동혁의 대답은 매우 냉정하다.

　"그럼 40이 넘은 나 같은 인생은 죽어 버려야 마땅허겠네그려?"

　기천은 간교한 웃음을 짓는다.

　"아, 그래서 어떡허게요? 그렇게 유력허신 분이 돌아가시면 우리 동네의 큰 손실인걸요."

하고 동혁은 씽긋 웃으며 돌아섰다.

작품 알아보기
(장편 문학)

〈상록수〉는《동아일보》창간 15주년 기념 소설 현상에 당선된 후 연재되었다. 농촌 계몽운동을 다룬 소설로 널리 알려져 있고 작자의 문명을 일세에 떨치게 한 작품이다.

실제 인물을 소설화한 것으로, 우선 심훈의 큰조카 심재영이 그의 고향 당진군 부곡리에서 '공동 경우회'를 통한 농촌 운동과, 당시 수원군 반월면 천곡리에서 농촌 계몽운동 중 숨을 거둔 용신의 삶이 바로 그것이다.

당시 시대적 배경은 일제 치하로 우리 사회는 질식 상태에 놓여 있었다. 특히 농촌은 그 피폐상이 더욱 심했다. 대부분의 농민이 소작농으로 전락하여 경제적으로 목숨을 부지하기조차 힘들었다. 또한 교육적인 면에서도 일제는 우리 국민에 대한 우민화 정책으로 일관했다.

이 때 지도층에서는 농촌 계몽운동을 통해 농촌을 부흥시켜야 한다는 공감대가 널리 형성되었다. 그 일환으로《동아일보사》에서는 '브 나로드 운동'을 펼쳤으며, 당시 전문대 학생들도 방학 때면 농촌으로 가 농민들을 무지에서 일깨우는 데 주력했다. 이 소설 역시 농촌 계몽운동을 전형적으로 그린 작품이다.

또한 단지 목소리만 공허하게 높인 것이 아니라, 농촌 문제의 근원적 해결을 위해 경제 운동을 제시하고, 민족의 자활과 자강을 위해 노력하는 미래지향적인 비전을 제시해 준다는 점에서 1930년대 대표적인 농민 소설이라 할 수 있다.

논술 길잡이
(장편 문학)

❶ 아래 그림은 〈상록수〉에 나오는 것이다. 어떤 장면이었는
지를 떠올려 본 후, 그 내용을 쓰라.

....

....

....

....

....

논술 길잡이
(장편 문학)

❷ 다음 예문은 〈상록수〉에 나오는 중요한 대목이다. 글을 읽고 자기만의 느낌을 써 보자.

창밖을 내다보던 영신은 다시금 콧마루가 시큰해졌다. 예배당을 두른 야트막한 담에는 쫓겨나간 아이들이 머리만 내밀고 주욱 매달려서 담 안을 넘겨다보고 있지 않은가? 고목이 된 뽕나무 가지에 닥지닥지 열린 것은 틀림없이 사람의 열매다. 그 중에도 키가 작은 계집애들은 나무에도 기어오르지를 못하고 땅바닥에 주저앉아서 훌짝거리고 울기만 한다.

영신은 창문을 말끔 열어젖혔다. 그리고 청년들과 함께 칠판을 떼어 담 밖에서도 볼 수 있는 창 앞턱에다가 버티어 놓고 아래와 같이 커다랗게 썼다.

"누구든지 학교로 오너라."

"배우고야 무슨 일이든지 한다."

나무에 오르고 담장에 매어달린 아이들은 일제히 입을 열어 목구멍이 찢어져라고 그 독본의 구절을 바라다보고 읽는다. 바락바락 지르는 그 소리는 글을 외는 것이 아니라 어찌 들으면 누구에게 발악을 하는 것 같다.

....

....

....

논술 길잡이
(장편 문학)

❸ 〈상록수〉의 주인공 동혁과 영신의 첫 만남을 떠올려 보고, 그 때 두 사람이 서로에게 느꼈던 감정을 써 보라.

동혁⇨영신	영신⇨동혁

논술 길잡이
(장편 문학)

❹ 동혁과 영신은 어떠한 점에서 서로 생각이 통하여 농촌으로 내려갔는가를 쓰라.

....

....

....

....

....

....

❺ 〈상록수〉가 씌어진 일제 시대에는 배우고 싶어도 기회가 없어 배우지 못하는 사람이 많았다. 배움의 기회가 넘쳐나는 요즘과 비교해 보고 자신의 의견을 쓰라.

....

....

....

....

....

....

논·술·한·국·대·표·문·학 〈전60권〉

펴 낸 이   정재상
펴 낸 곳   훈민출판사
주   소   경기도 고양시 덕양구 원당동 416번지
대표전화   (031)962-3888
팩   스   (031)962-9998
출판등록   제395-2003-000042호